W0045913

Change yourself

Positives Denken

Wie Sie Ihre Resilienz trainieren, negative Gedanken stoppen & Zweifel und Ängste für immer überwinden

(Positive Psychologie)

Michael Bergmeier

Michael Bergmeier
© Virtuoso Verlag

VIRTUOSO
books and more

1. Auflage 2021

Michael Bergmeier
© Virtuoso Verlag

VIRTUOSO
books and more

1. Auflage 2021
Alle Rechte vorbehalten
ISBN: 978-3-96709-033-8

Inhaltsverzeichnis

Motto

> Was du denkst, bist du.
> Was du bist, strahlst du aus.
> Was du ausstrahlst, ziehst du an.
> **(Buddha)**

Einleitung

E s war ein verregneter Montagmorgen: Die Münchner U-Bahn war vollgestopft wie immer und die vielen Gesichter drückten allesamt große Unzufriedenheit aus. So wollte ich nicht werden, das war mir klar.

Vollen Mutes stieg ich aus und betrat das Gebäude, in welchem es gleich um alles oder nichts gehen sollte. Das Gebäude war riesig und modern, die Fenster blickdicht und seine Mauern kahl. Ich wurde von einem vornehmen Mann in teurem Anzug in einen großen, sterilen Raum hereingebeten. Dort saßen junge Frauen und Männer, die alle auf die Chance ihres Lebens hofften, genau wie ich. Als auch die letzten Kandidaten eintrafen, durften wir Platz nehmen. Jeder hatte sein eigenes kleines Pult. Dort lagen Stift und Papier bereit.

Eine weitere, gut gekleidete Dame betrat den Raum. Sie und der Mann im Anzug begutachteten uns genau. Ständig machten sie sich Notizen, was mein Herz noch schneller schlagen ließ.

War ich gut genug? Verhielt ich mich richtig?

Nach einer ersten Kennenlernrunde, in der sich jeder kurz vorstellen durfte, ging es ans Eingemachte. Wir sollten den Zettel auf unserem Pult umdrehen – es war ein Persönlichkeitstest.

Wir jungen Menschen wurden auf Herz und Nieren geprüft, es galt, möglichst all unsere Stärken und Schwächen herauszufinden. Heute empfinde ich es als eine Art natürliche Auslese. Nur die „Besten der Besten" sollten genommen werden. Es handelte sich um ein Assessment Center, an welchem ich teilnahm. Ich bewarb mich damals für eine Ausbildungsstelle bei einem großen Unternehmen und wollte sie unbedingt bekommen. Trotz Selbstzweifel, unter welchen in diesem

Alter wohl die meisten leiden, ging ich zielstrebig an die Sache heran.

Es passierte, wie es passieren musste – ich kam nicht weiter, wurde gleich zu Anfang aussortiert. Das kränkte mich sehr und ich war am Boden zerstört. Diese Niederlage bohrte sich tief in meine Seele und ich dachte, irgendetwas sei falsch mit mir. Es löste einen Kreis negativer Gedanken in mir aus. Doch hinter all dem Übel steckte auch etwas Gutes. Ich begann, mich gezielt mit dem Positiven Denken zu beschäftigen. Positives Denken bedeutet nicht, ständig gut gelaunt zu sein oder alles durch die „rosarote Brille" zu sehen. Vielmehr bedeutet es, sein Leben in eine positive Richtung zu lenken und sich auf die guten Dinge zu konzentrieren. Seit damals gehe ich mit allen Misserfolgen konstruktiv um und führe täglich Übungen zum Positiven Denken aus.

Sie glauben nicht, wie sich mein Leben dadurch verändert hat!

Je intensiver ich mich damit beschäftigte, umso mehr wurde mir klar, wie hilfreich solche Techniken für die persönliche und berufliche Weiterentwicklung sind. Heute bin ich ein erfolgreicher, jung gebliebener Unternehmer und noch genauso neugierig wie damals.

Doch mein Weg in die Selbstständigkeit war steinig und führte über eine harte Ausbildungszeit und eine langjährige Berufserfahrung als Teamleiter und Ausbilder, wodurch ich mich erheblich weiterentwickeln konnte.

„Positives Denken" begleitet mich, wie Sie sehen, schon mein ganzes Leben. Nun ist es mir ein Anliegen, diese nützliche Denkweise auch anderen Menschen zugänglich zu machen.

Was erwartet Sie in diesem Buch?

In diesem Ratgeber möchte ich Ihnen psychologische Grundlagen sowie die „Positive Psychologie" näherbringen.

Ein weiterer, wichtiger Punkt ist die Kraft des Geistes. Sie erfahren, wie das Gesetz der Anziehung und das Unterbewusstsein des Menschen wirken. Zudem bekommen Sie wertvolle Tipps und Übungen, zum Beispiel Positive Affirmationen und das Aufsagen von Mantras, an die Hand. Damit es Ihnen ab sofort gelingt, positiv zu denken, ist es wichtig, dass Sie alte, hinderliche Gewohnheiten ablegen und negative Gedanken stoppen. Auch diesen Themen widme ich mich in diesem Buch. Selbstzweifel plagen viele Menschen und können oft wahre Killer im Alltag sein. Sie behindern den Erfolg, weshalb ich Ihnen verrate, wie Sie am besten mit solchen Zweifeln umgehen sollten. Damit Sie zufriedener werden und sich selbst besser kennenlernen, widmen wir uns auch Ihrer Motivation, Berufung und Ihren Zielen. Nutzen Sie meine Tipps und Strategien, um Ihr Leben in eine neue Richtung zu lenken.

Doch im Mittelpunkt stehen nicht nur Sie selbst, sondern auch andere. Lernen Sie, wie Sie positive Beziehungen führen, um in allen Bereichen Ihres Lebens glücklicher zu werden. Das Thema Selbstliebe ist sehr groß in unserer heutigen Gesellschaft, weshalb ich es keinesfalls auslassen wollte. Erfahren Sie, wie Sie sich selbst zu 100% akzeptieren können und Ihre Resilienz trainieren, um für zukünftige Erfolge und auch für Niederlagen gewappnet zu sein.

Zum Schluss stelle ich Ihnen praktische Methoden zum Positiven Denken zur Verfügung, wie zum Beispiel Atemübungen, Meditationen, Übungen zur Selbstwirksamkeit und viele mehr.

Ich habe es geschafft, mein Leben in allen Bereichen positiv zu verändern und Sie können das auch!

Teil I – Lassen Sie uns starten

Warum man das Glas immer halb voll sehen sollte

S ie sind sicher auch schon der Frage begegnet: Ist mein Glas halb leer oder halb voll? Pessimismus und Optimismus sind zwei unterschiedliche Positionen. Aber es liegt an uns, uns dafür zu entscheiden, ob wir pessimistisch oder optimistisch sind.

In der Philosophie unterscheiden sich Optimist und Pessimist grundsätzlich: Ein Optimist glaubt immer an das Gute. Seiner Ansicht nach leben wir jetzt und hier in der bestmöglichen Welt. Ein Pessimist erwartet das Schlechteste und glaubt auch, dass die Welt generell negativ ist. Vielen von uns ist diese Theorie sehr wohl bekannt, aber wenige denken bewusst darüber nach.

Erst wenn man im Leben mit einer Sinnkrise konfrontiert wird und sich die Zeit nimmt, in sich hineinzuhorchen und sein Leben zu reflektieren, beschäftigt man sich damit.
Dann kommt der Gedanke „Ist mein Glas nun halb leer oder halb voll?“

> *„Wir sind, was wir denken.*
> *Alles, was wir sind, entsteht aus unseren Gedanken.*
> *Mit unsren Gedanken formen wir die Welt“*
> **(Buddha)**

Fakt ist, dass unsere Gedanken unsere Gefühle am stärksten beeinflussen. Positive Gefühle erreicht man durch positive Gedanken.

Negative Gefühle entwickelt man durch negativen Gedanken.

Ein gesunder Optimismus, entwickelt aus einem positiven Denken, ist das, was wir lernen können und was uns glücklicher werden lässt.

Das positive Denken wirkt sich auf viele Bereiche unseres Lebens aus:

- ➢ Auf die Gesundheit im Allgemeinen
- ➢ Auf die geistigen Fähigkeiten
- ➢ Auf die eigene Wahrnehmung
- ➢ Auf das seelische Wohlbefinden
- ➢ Auf Erfolge (privat, beruflich, finanziell, etc.)
- ➢ Auf die zwischenmenschlichen Beziehungen (privat, beruflich, etc.)

Hier einige Beispiele:

Positiv denkende Menschen sind meistens nie lange schlecht gelaunt und sie sind ausgeglichenere Menschen. Sie sprühen oft vor Ideen und sind im Berufsleben und auch im privaten Bereich kreativ. Positiv denkende Menschen sind häufig beruflich und damit finanziell erfolgreicher. Sie glauben an sich und trauen sich mehr zu als andere Menschen in ihrem Umfeld. Dadurch begründet, können sie ihre Talente und Fähigkeiten besser einsetzen. Auch lassen sie sich durch Misserfolge nicht von ihrem Weg abbringen, sondern suchen nach anderen umsetzbaren Lösungen.

Positiv denkende Menschen halten sich intuitiv, aber auch bewusst von Pessimisten fern. Hört sich das nicht nach einem erstrebenswerten Ziel an?

Nicht jeder von uns ist mit einer positiven Einstellung geboren oder bekommt diese während seiner Kindheit und Jugend vermittelt. Aber es ist nie zu spät. Positives Denken lässt sich zu jeder Zeit im Leben erlernen.

„Der Code der menschlichen Seele" – Einführung in die Psychologie

Das Wort „Seele" kennen wir alle, aber die wenigsten beschäftigen sich in ihrem manchmal stressigen und hektischen Alltag mit der genaueren Bedeutung dieses Wortes. Ich möchte Sie nun mitnehmen auf eine kurze Einführung in die Psychologie, um den Code der menschlichen Seele zu „knacken".

Definition und Gebiete

Ganz zu Beginn gilt es, die grundlegende Frage: „Was ist die Seele?" zu beantworten. Bereits seit dem Mittelalter wird die „Seele" in den verschiedensten Bereichen – zum Teil auch kontrovers – diskutiert.

Zu dieser Zeit fungierte die Seele als Verbindungsglied zwischen Körper und Geist. Aufgrund des religiösen Verständnisses dieser Zeit wurde die Seele aber eher dem Geist – der Verbindung zu Gott – zugerechnet. Denn die Seele war der Teil des Menschen, der nach seinem Tod weiterlebte.

Das 16. Jahrhundert brachte dann einen Wandel: Emotionen, Gefühle, Passionen wurden nun mit der Seele in Verbindung gebracht. So, wie der Mensch, die Technik, unser Leben... sich während der letzten Jahrhunderte veränderte, so haben sich auch die Definitionen rund um das Wort „Seele" verändert. Heute gibt es eine Vielzahl an Definitionen und auch sehr unterschiedliche Betrachtungsweisen.

Führende Neurowissenschaftler und Psychologen können seit ca. 30 – 40 Jahren auch in das menschliche Gehirn „hineinsehen". Durch Forschungen und Testungen auf diesem Gebiet gibt es heute andere Ansätze und ein anderes Verständnis. Wir wissen, dass unser Körper ohne unser Gehirn gar nicht lebensfähig wäre. Das Gehirn steuert unseren Körper und wir können mit unserem Gehirn auch viele andere Bereiche unseres Lebens beeinflussen.

Das natürlich sowohl negativ als auch positiv.

Nicht nur Körper und Geist, sondern auch die Umwelt, sind für unser „Seelenleben" verantwortlich. Die seelischen Zustände von uns Menschen entstehen aus diesem Zusammenspiel. Kommen wir jetzt noch kurz zum „Code der menschlichen Seele".

Hier ein Beispiel:
Wenn wir einem Neandertaler und einem Menschen unserer Generation ein und dasselbe Bild zeigen würden, wäre die Aussage des Bildes für beide sehr unterschiedlich. Denn ein solches Bild würde automatisch und unterbewusst mit den eigenen Erfahrungen betrachtet, verstanden und interpretiert.

Wir haben heute so unendlich viel mehr „Codes" in und auf unserer Seele (durch die Erfahrungen und Erlebnisse unserer Ahnen), dass die Interpretation und Reaktion auf dieses Bild eine ganz andere sein wird als bei dem Neandertaler.

Vielleicht haben Sie auch schon mit einem Schmunzeln Ihrer kleinen Tochter/Ihrem kleinen Sohn dabei zugehört, wenn sie/er mit ihrem/seinem Lieblingsteddy lange „Brabbel"–Gespräche führt.

Ihr Kind hat eine Geschichte im Kopf und möchte sich dem Teddy mitteilen, aber Sie haben keinerlei Ahnung, worum es gerade geht. Das Kind nutzt hier einen Code – also eine Art Verschlüsselung – um mit dem Teddy zu kommunizieren. Damit wir Menschen – mit all unseren unterschiedlichen Erfahrungen und Prägungen – uns nun verständigen können, haben wir unsere Worte und Zahlen, Sätze, Symbole, Icons, Schilder, …

Das „Einander Verstehen" funktioniert mit dieser Art Codes recht gut. Sie werden hauptsächlich in der rationalen (linken) Gehirnhälfte verarbeitet. Die linke Gehirnhälfte (Lesen, Rechnen, Sprachen, Analysen, Logik) ist in unserer westlichen Welt auch die, die wir am meisten nutzen.

Alles, was wir rational erklären können, ist uns sympathischer.

Unsere rechte Gehirnhälfte ist für alles zuständig, was mit Emotion, Gefühl, Interpretation von Körpersprache, Intuition, Kreativität, etc. zu tun hat. Die rechte Gehirnhälfte kann schneller und effektiver größere Informationsmengen aufnehmen und verarbeiten, als es die linke kann.

Wenn es nun gelingt, die Codes beider Gehirnhälften gut miteinander zu verknüpfen, dann wird Ihnen dies den Alltag und das Leben allgemein erleichtern.

> *„Logisches Denken beschert uns keine Erkenntnis über die wirkliche Welt! Alle Erkenntnis der Wirklichkeit beginnt mit der Erfahrung und endet mit ihr! Alle Aussagen, zu denen man auf rein logischem Weg kommt, sind, was die Realität angeht, vollkommen leer!"*
> **Albert Einstein**

Da es sich hier ja um einen Einstieg in die Psychologie handelt, schauen wir uns nun ein paar psychologische Bereiche an.

Klinische Psychologie
Die klinische Psychologie befasst sich mit psychischen Störungen, aber auch mit psychischen Aspekten verschiedener Krankheitsbilder. In der klinischen Psychologie wird wie folgt vorgegangen:

- Diagnostik – die Beschreibung von Verhalten und Erlebtem
- Einordnung – Ist-Zustand
- Zielanalyse – Festlegung von Zielen
- Indikation – Maßnahmen, die zum Ziel führen
- Prävention inkl. Gesundheitsvorsorge, Rehabilitation, Psychotherapie
- Evaluation – fachgerechte Bewertung
- Zielerreichung – der Sollwert wird zum Istwert

Jeder Einzelne dieser Schritte braucht eine gute Begleitung und Zeit.

Persönlichkeitspsychologie

Persönlichkeitspsychologie wird in der Fachliteratur auch als „Differenzielle Psychologie" bezeichnet. Die meisten psychologischen Therapiemethoden stützen sich auf die Beobachtung der Unterschiede zwischen Personen und Personengruppen – also auf die Persönlichkeitspsychologie. Hierbei wird ein großes Augenmerk auf die Intelligenz, die Kreativität und auf die Unterschiede zwischen den Menschen gelegt. Sind gewisse Handlungen und Reaktionen durch Veranlagung zustande gekommen, oder haben sie sich durch Erfahrungen entwickelt?

Zusammenfassend kann man sagen, dass in der Persönlichkeitspsychologie:

- Charakter
- Begabung
- Temperament der Menschen erfasst werden.

Sozialpsychologie

Hierbei handelt es sich um Teilgebiete sowohl der Soziologie als auch der Psychologie. Die Sozialpsychologie arbeitet hierbei mit zwei Kernaussagen:

1. Der Mensch konstruiert oftmals seine eigene Realität!

2. Das gesamte Erleben eines Menschen und in der Folge auch sein Verhalten werden von den unterschiedlichen sozialen Beziehungen in seinem Leben beeinflusst und geprägt. Zum einen beschäftigt sich die Sozialpsychologie mit der Interpretation des „Selbst" (Selbstwahrnehmung, Selbstwertgefühl, etc.), zum anderen aber auch mit Gruppen und verschiedenen Sachverhalten in unserer heutigen Zeit.

Uns Menschen ist unsere soziale Identität sehr wichtig und diese definiert sich zum größten Teil über die Gruppen, denen wir angehören (im Beruf, in der Freizeit, im Freundeskreis, in der erweiterten Familie, etc.).

Neben diesen, hier kurz umrissenen Bereichen der Psychologie gibt es natürlich auch noch weitere. Aber diese drei Bereiche sind diejenigen, mit denen auf dem Weg zu „Positivem Denken" am häufigsten gearbeitet wird.

„Auf der Sonnenseite des Lebens" – Die Positive Psychologie

Definition & Grundlagenwissen

Im Jahr 1954 wurde der Begriff „Positive Psychologie" zum ersten Mal von Abraham Maslow verwendet. Aufgenommen wurde er erst wieder im Jahr 1998 von Martin Seligman. In einer Rede vor der „American Psychological Society" regte er an, dass ein in der Psychologie generell vorliegendes Ungleichgewicht herrsche und es somit hilfreich sei, sich wieder mehr der Erforschung der positiven Aspekte des Lebens zu widmen. Dies war die Geburtsstunde der Positiven Psychologie, die sich in den folgenden Jahren durch eine Vielzahl an Forschungsprojekten sehr schnell entwickelte und mit neuen Therapiemethoden aufwarten konnte.

Laut Peterson und Seligman lassen sich sechs Tugenden den insgesamt 24 Charaktereigenschaften zuordnen:

➢ Kognitive Stärken wie Weisheit und Wissen beinhalten Kreativität, Aufgeschlossenheit, Neugier, Lernfreude und Perspektiven

➢ Emotionale Stärken wie Courage (Mut) beinhalten demnach Tapferkeit, Integrität, Vitalität und Beharrlichkeit

➢ Die interpersonale Stärke Menschlichkeit basiert auf Freundlichkeit, Liebe, sozialer Intelligenz

➢ Gerechtigkeit als zivile Stärke beinhaltet Fairness, soziale Verantwortung und Führungsstärke

➢ Zur Mäßigung (die Stärke, die uns vor Exzessen schützt) zählen Demut, Bescheidenheit, Vergeben, Mitleid, Selbstregulation und Besonnenheit

➢ Die Wertschätzung von Schönheit, Dankbarkeit, Humor, Hoffnung und nicht zuletzt die Spiritualität gehören zur Transzendenz.

Die Positive Psychologie ist, im Vergleich zu anderen psychologischen Behandlungsmethoden, noch sehr jung, aber dennoch effektiv. Lebenssinn, positive soziale Beziehungen und menschliche Stärken stehen hier ganz klar im Vordergrund.

Der einzelne Mensch, Gruppen, Paare, Organisationen (Firmen, Vereine, etc.) sollen in ihrer positiven Entwicklung mit einer Vielzahl neuer Ansätze und damit verbundener Techniken unterstützt werden.

Seit 2017 gibt es in der „Glücksforschung" (ein Bereich der positiven Psychologie) eine entscheidende Weiterentwicklung. Es wird nun nicht mehr nur danach gefragt: „Was muss ich tun, um glücklich zu sein?", „Was muss ich tun, um mein persönliches Wohlgefühl zu stärken?". In den Jahren vor 2017 hat die Forschung nämlich erkannt, dass es bei der Beantwortung dieser Fragen und der anschließenden Umsetzung nicht auf die Quantität ankommt, sondern dass die Qualität ausdrücklich im Vordergrund stehen soll und muss.

Eine sogenannte „Überdosis" an positiven Aktivitäten kann schnell das Gegenteil bewirken und die Menschen empfinden anstelle von Glück oftmals einen ausgeprägten „Katzenjammer".

Es muss auch nicht jeder immerzu glücklich sein.
Auch die Frage nach dem „Sinn des Lebens" ist in der Positiven Psychologie eine wichtige. Hierbei muss aber unterschieden werden, ob der Lebenssinn bei den jeweiligen Personen ein geistiges Konstrukt ist, das über Jahre hinweg entstanden ist und mitunter recht kompliziert sein kann, oder ob der Sinn des Lebens auch anders entstehen oder wahrgenommen werden kann.

Es wird beispielsweise auch davon ausgegangen, dass der Mensch schon mit einer gewissen Erwartung bezüglich des Sinnes des Lebens zur Welt kommt. Gerade in diesem Bereich und auf Grundlage dieser These wird derzeit in der Positiven Psychologie intensiv geforscht. Man möchte herausfinden, wie der Sinn des Lebens weiter gesteigert und/oder verbessert werden kann. Dies sind nur einige, der grundlegenden Informationen zur Positiven Psychologie. Dadurch, dass sie noch sehr jung, aber dennoch vielversprechend ist, wird intensiv zu den unterschiedlichsten Ansätzen geforscht.

Wissenschaftler und Psychologen sind sich übrigens darüber einig, dass sich die Klinische (klassische) Psychologie und die Positive Psychologie hervorragend ergänzen. Denn so verbunden, beschäftigen sie sich mit dem gesamten Erleben eines Menschen und können so das Leben dieser positiver gestalten.

Ressourcen vs. Defizitorientierung

Die Begriffe „Ressourcen" und „Defizitorientierung" spielen in der Psychologie eine wichtige Rolle. Die meisten werden diese Worte schon einmal gehört haben.

Um aber zu verstehen, was damit genau gemeint ist und warum ihr Verständnis wichtig ist, werden wir uns beide Begriffe nun noch einmal genauer anschauen und erfahren, warum sie in einen Zusammenhang gesetzt werden.

Ressourcen

In der Psychologie lassen sich Ressourcen in drei Bereiche unterteilen:

1) Dies sind zunächst einmal alle schützenden und fördernden Kompetenzen, die von einer Person genutzt und/oder beeinflusst werden.

Hierbei nehmen noch zusätzlich sogenannte „äußere Handlungsmöglichkeiten" eine entscheidende Rolle ein. Es gibt also einige Komponenten, die gewisse Situationen beeinflussen:

- ✓ Innere (individuelle, subjektive, interne, persönliche), psychische und physische Ressourcen
- ✓ Äußere (objektive, externe) biologische, materielle, soziale, kulturelle, organisationale, ökologische Ressourcen.

2) Im „Neurolinguistischen Programmieren" werden verschiedene, gut nutzbare Energien als Ressourcen eingesetzt.

✓ Stärken & Strategien
✓ Persönliche Erfahrungen
✓ Hoffnung & Glaube
✓ Persönlicher Selbstwert

Manchmal scheinen diese Ressourcen nicht eindeutig vorhanden zu sein, sie lassen sich aber finden.

3) Jeder Mensch hat eine gewisse innere Stärke, also ein Potenzial, das bei sehr starker Belastung oder z. B. bei persönlichen Krisen (Verlust eines geliebten Menschen, Krankheit, etc.) aktiviert wird.

Auch das ist eine Ressource.

Defizitorientierung

In der Defizitorientierung konzentriert man sich vorwiegend auf die Schwächen und nicht auf die Stärken. Gerade im Berufsleben sind vielen von uns Führungskräfte bekannt, die Mitarbeiter an ihren Defiziten arbeiten lassen und damit nichts Gutes bewirken.

Der Begriff der Defizitorientierung wurde in den 70er Jahren geboren und vor allem in der Sonderpädagogik, bei der Arbeit mit Kindern, eingesetzt. Es herrschte die Meinung vor, dass Kinder, insbesondere aus benachteiligten Schichten, über ihre Defizite gefördert werden sollten. Die Problematik, vor allem aus heutiger Sicht, war jedoch, dass immer nur Schwächen im Vordergrund standen. Leider gibt es, trotz der Weiterentwicklung und der Ausrichtung auf die Stärken, auch heute noch viel zu oft die Defizitorientierung.

Am häufigsten ist sie in Unternehmen zu finden, in denen der Chef ständig kritisiert, anstatt durch Lob zu motivieren.

Hier noch ein paar Beispiele, wie sich Defizitorientierung noch äußern kann:

- ✓ Ein talentierter Verkäufer wird in den Innendienst versetzt.
- ✓ Ein dribbelstarker, aber kleiner Spieler muss im Fußballtraining ständig Kopfbälle trainieren.
- ✓ Ein gut ausgebildeter und kompetenter Mensch, der z. B. in einer Stellenanzeige immer nur die Kriterien herausliest, die er nicht erfüllt und aus diesem Grund erst gar keine Bewerbung verfasst und abgibt.

Schauen wir uns zum besseren Verständnis die Vor- und Nachteile der Defizitorientierung ein wenig genauer an. Ein anschauliches Beispiel ist das Stottern. Ein bekannter deutscher Wintersportler hat noch vor drei Jahren bei Interviews gestottert. Mittlerweile kann er stotterfreie und flüssige Interviews geben. Er hat an der Schwäche intensiv gearbeitet und es hat sich ausgezahlt. Somit kann man sagen, dass die Defizitorientierung in gewissen Bereichen durchaus zielorientiert ist, eine Erkenntnis liefert und durch die daraus vorliegende Klarheit effektiv an dieser Schwäche gearbeitet werden kann. Aber für viele Menschen überwiegen ganz klar die Nachteile. Wer wünscht sich schon einen Vorgesetzten, der ständig auf den Schwächen herumreitet und so Misstrauen, Druck und in der Folge sehr schnell auch Unzufriedenheit kreiert?

Gerade am Arbeitsplatz führt nicht vorhandene Wertschätzung unweigerlich zu sinkender Produktivität und auch zur „innerlichen" Kündigung. Wie schön ist es, dass der Fokus in den letzten Jahren zunehmend auf die Ressourcen gelegt wird.

Denn die persönlichen Stärken, die mitgebrachten Werte, etc. sind doch eine viel bessere Grundlage für ein selbstbestimmtes Arbeiten und eine gute Produktivität.

Teil II – Die Kraft des Geistes

Die Kraft des Geistes ist ein wichtiges Tool im Buddhismus. Dieses Tool lässt sich überall anwenden, da Sie es immer mit sich tragen und es in so gut wie jeder Lebenslage anwenden können.

Im Buddhismus geht es u. a. darum, die „innere Balance" zu finden und zu erreichen. Innere Balance zu erreichen ist aber ein Prozess, der einige Zeit braucht. Körper, Geist und Seele sind im Buddhismus untrennbar miteinander verbunden. Die meisten Menschen in der westlichen Welt definieren ihr Wohlbefinden heutzutage durch einen sportlichen Körper. Das ist zum Teil auch richtig, aber erst durch die Zusammenarbeit mit dem Geist ist es auch möglich zu heilen.

Die Kraft des Geistes ist also die Quelle für Ihre eigene Inspiration und Heilung. Wir lernen durch sie mit unseren Schwächen und sogar mit unseren Ängsten umzugehen und sie dann in positive Energien umzusetzen.

Das Unterbewusstsein

War das Unterbewusstsein und das Unterbewusste für Sigmund Freud noch etwas Bedrohliches und Negatives, so wird es heute in vielen Lebensbereichen und auch Therapien, als eine Quelle (Arbeitsspeicher) genutzt. Hier werden alle Sinneseindrücke und Informationen gesammelt. So kann man es auch als Sammelbecken für all unsere Erfahrungen (gute wie schlechte) bezeichnen.

Dadurch ist das Unterbewusstsein in der Lage, unser Verhalten zu verändern und zu steuern. Kein Mensch trifft eine Entscheidung nur auf der Grundlage seines Bauchgefühls.

Der Kopf ist immer beteiligt – ob bewusst oder unterbewusst. Natürlich haben sich Psychologen in den vergangenen Jahrzehnten immer wieder, aber auch immer mehr mit der Kraft des Unterbewusstseins auseinandergesetzt. So kamen sie zu der Erkenntnis, dass z. B. beim Nachdenken über neue, noch unbekannte Dinge oder über schwer einschätzbare Situationen dem Unterbewusstsein (der Intuition) mehr vertraut werden sollte.

Erwiesen ist mittlerweile, dass jeder Mensch ein enormes Potenzial an unterbewusster Lernfähigkeit/Lernleistung zur Verfügung hat. Verlassen wir uns ausschließlich auf unseren Verstand, so können Fehler passieren. Akzeptieren wir das Unterbewusstsein als immer greifbaren, kompetenten und schnellen Berater und/oder Partner, der sich nicht in Details verwickelt, sondern das „Ganze" sieht, dann werden Entscheidungen besser und wir fühlen uns wohler mit ihnen.

Nur gerade einmal 20 % unserer Gehirnleistung steht für unterbewusste Entscheidungen und Handlungen zur Verfügung. Sind wir plötzlich in einer Situation, die nicht der normalen Routine entspricht, muss unser Organismus schnell reagieren: Botenstoffe und Signale werden in Millisekunden hochgefahren und neue Netzwerke angelegt. Dafür fahren andere Körperfunktionen herunter (Füße werden kalt, die Hände feucht, etc.). Der Großteil der Energie wird nun im Gehirn gebraucht. Vertrauen Sie mehr auf Ihre Intuition, denn die hat den Menschen seit Millionen von Jahren geprägt! Jetzt kommt noch eine kleine Einschränkung dieser Aussage. Mittlerweile befinden wir uns seit drei Jahrzehnten in einer sich immer rasanter und schneller entwickelnden „Informationsgesellschaft". Unser Leben verändert sich oft und schnell und das Gehirn ist leider nicht immer in der Lage, diesen schnellen Veränderungen hinterherzukommen.

Millionen von kleinen isolierten Eindrücken werden Sekunde für Sekunde an unser Gehirn geliefert und sie müssen dort bewusst ausgewertet werden. Da der Strom dieser Informationen aber fortlaufend ist (vor allem, wenn man sich nicht ab und zu eine Auszeit gönnt), sind wir Menschen mit einer sinnvollen Auswertung oft überfordert.

Alles, was die Anzahl von 40 – sogenannten – Sinneseindrücken überschreitet, wird automatisch direkt ins Unterbewusstsein umgeleitet. Hier werden die überschüssigen Sinneseindrücke „gelagert". In irgendeiner Situation gelangt dann eine im Unterbewusstsein gelagerte Information ins Bewusstsein und erzeugt eine Intuition. Und schon sind wir bei dem bekannten Gefühl, dass wir uns z. B. eine Entscheidung oder Reaktion nicht mit dem Verstand erklären können. Forscher gehen davon aus, dass fast 99 Prozent dessen, was das Gehirn tut, unterbewusst geschieht.

Das erklärt auch, warum die sogenannte „neurologische Manipulation" nicht ungefährlich ist.

Das Gesetz der Anziehung

„The Law of attraction" ist ein Begriff, der immer häufiger zu hören und zu lesen ist. Viele haben ihn vielleicht schon einmal gehört, können sich aber nicht vorstellen, was damit gemeint ist.

In der Fachliteratur wird er auch als „Resonanzgesetz" bezeichnet. Die russische Okkultistin Helena Petrovna Blavatsky erwähnte diesen Begriff zum ersten Mal schon im Jahr 1877. Das Gesetz der Anziehung geht davon aus, dass es einen direkten Zusammenhang zwischen der inneren Gefühls- und Gedankenwelt und den äußeren Lebensumständen gibt.

Aussagen wie:

- „Das Glück deines Lebens hängt von der Beschaffenheit deiner Gedanken ab." (Marcus Aurelius)
- „Das, was jemand von sich selbst denkt, bestimmt sein Schicksal." (Mark Twain) belegen, dass die Menschen sich schon seit Jahrhunderten, ja sogar seit Jahrtausenden mit dieser Thematik befassen.

Aber was versteht man heutzutage genau unter dem Gesetz der Anziehung? Man liegt mit der Aussage – „Gleiches zieht Gleiches an" - gar nicht so falsch. Auch die Annahme, dass die Gefühle und Gedanken die eigene Realität bestimmen, ist eine Grundlage. Einfach ausgedrückt: Es wird nicht das Realität, was Sie sich wünschen, sondern das, woran Sie denken! – Gedanken werden zu Dingen. Die Anhänger des „Gesetzes der Anziehung" gehen davon aus, dass das Universum nicht zwischen schlechten und guten Gedanken unterscheidet.

Wir Menschen sind diejenigen, die das Umfeld und die Gedanken bewerten. Diese Bewertung der Gedanken ist mit speziellen Schwingungen (laut Resonanzgesetz) verbunden. Genau diese Schwingungen sollen es ermöglichen, Gefühle und Gedanken mit ähnlichen Schwingungen anzuziehen. (Gleiches zieht Gleiches an).
Im Gesetz der Anziehung ist es nicht vorgesehen, dass die jeweilige Person in ihrer „Opferrolle" verbleibt. Eigenverantwortung ist hier das Zauberwort.

Nur Sie allein sind für Ihre Wirklichkeit verantwortlich! Werden Sie sich Ihrer Gefühle, Gedanken und auch Handlungen bewusst:

➢ Sie sind Ihren Gedanken nicht ausgeliefert, denn Sie können Ihre Gedanken steuern und auf diese Weise Ihr Leben selbst in die Hand nehmen.

> Hierbei hat sich Meditation als wichtiges und gutes Instrument erwiesen.
> Achten Sie darauf, wie Sie Ihre Gedanken formulieren! Denken Sie vornehmlich negative oder schlechte Worte, so ist das kontraproduktiv. Verwenden Sie z. B. anstelle der Formulierung „kein Krieg", doch einfach das Wort „Frieden"! Schon sind sie positiver ausgerichtet.
> Vielen Menschen hilft es, die eigenen Gedanken aufzuschreiben oder zu „visualisieren".
> Positive Affirmationen und auch Autosuggestion sind weitere gute Hilfsmittel.

Natürlich werden auf dem Weg der Ausrichtung auch Zweifel aufkommen – das ist natürlich und menschlich.

„Ich komme meinem Ziel jeden einzelnen Tag einen Schritt näher", ist in solchen Momenten eine hilfreiche Unterstützung. Konzentrieren Sie sich bewusst auf Ihre Energie, denn so können Sie es schaffen, Ihre Wünsche zur Realität werden zu lassen! Handeln Sie immer mehr nach Ihren Überzeugungen und Gefühlen. Entscheidend ist bei diesem gesamten Prozess die Selbstwahrnehmung.

Wie wir uns selbst wahrnehmen, beeinflusst unser Umfeld und auch, wie andere Menschen auf uns reagieren. (Wie man in den Wald hineinruft, so schallt es wieder heraus). Wo es einen positiven Ansatz gibt, gibt es natürlich auch immer Kritik. Das Gesetz der Anziehung kann z. B. wissenschaftlich nicht belegt werden. Kein Mensch kann seine Gedanken einfach ausschalten – wir denken immer, bewusst oder unbewusst. Man muss an dieser Stelle aber auch erwähnen, dass sich das Gesetz der Anziehung nicht für jeden Menschen anwenden lässt. Eine Grundannahme ist ja die Aussage: „Jeder ist für sein eigenes Elend verantwortlich."

Das trifft aber in keinem Fall auf die Menschen zu, die ein Trauma (Krieg, Vergewaltigung, Entführungen, etc.) durchlebt haben. Jeder Mensch, der unter psychischen Störungen und/oder Traumata leidet, sollte in seiner Heilungsphase das Gesetz der Anziehung als Therapiemöglichkeit vermeiden.

Werden Sie sich ganz allgemein darüber bewusst wie stark die Kraft der Gedanken ist! Wohlüberlegte Entscheidungen und Handlungen werden Ihnen dabei helfen, Ihre Welt in Ihrem Sinn zu formen.

Die selbsterfüllende Prophezeiung

Das psychologische Phänomen der selbsterfüllenden Prophezeiung kann in einem Satz zusammengefasst werden: „Wenn wir ein bestimmtes Ergebnis oder Verhalten erwarten, dann tragen wir selbst dazu bei, dass es auch wirklich eintritt."

Eine selbsterfüllende Prophezeiung setzt sich wie folgt zusammen:

- ➢ Wenn Sie denken, was andere über Sie denken, beeinflusst dies -
- ➢ das Handeln anderen gegenüber, was dann wiederum -
- ➢ deren Denken über Sie verändert, welches dann-
- ➢ Ihr ursprüngliches Denken bestätigt. Schauen wir uns diesen Prozess einmal an einigen anschaulichen Beispielen an:

Pygmalion-Effekt
Dieser Effekt wurde von den Psychologen Rosenthal und Jacobson in den 1960er Jahren an amerikanischen Grundschulen untersucht. Nach dem Zufallsprinzip wurden Schüler ausgewählt. Den Lehrern erklärte man anschließend, dass diese Kinder ganz besonders intelligent und begabt sind und dass bei ihnen in absehbarer Zeit große Leistungssteigerungen möglich seien. Tatsächlich haben dann erneute Untersuchungen

nach einem Jahr bewiesen, dass diese Schüler – ganz im Gegensatz zu den anderen – wirklich eine stärkere Leistungssteigerung verzeichneten.

Der Pygmalion-Effekt wurde bestätigt.

Die Erwartungshaltung der Lehrer hat dazu geführt, dass sie ihr Verhalten (höhere Anforderungen, Lob und Tadel, etc.) gegenüber den Schülern veränderten und so die Prophezeiung der Psychologen wahr werden ließ.

Unfallgefahr bei älteren Menschen

Wie überall kann eine selbsterfüllende Prophezeiung auch etwas Negatives bewirken. Ältere Menschen, die wegen ihrer physischen Konstitution (z. B. aufgrund ihres Gesundheitszustands) Angst davor haben, zu stürzen, erleiden häufiger einen solchen Unfall als ihre Altersgenossen, die nicht an einen Sturz denken.

Krise in der Finanzwelt

Es gibt sicherlich kaum jemanden, der sich nicht hin und wieder fragt, ob sein Geld bei der Bank sicher ist. Gerade durch die Finanzkrisen der letzten Jahre ist dieser Gedanke weit verbreitet. Haben Sie sich schon einmal gefragt, wie sie reagieren würden, wenn Sie erfahren würden, dass ihre Bank kurz vor einem Bankrott steht?

Solche Gerüchte (ob wahr oder erlogen) führen immer unweigerlich dazu, wenn sie sich schnell und weit verbreiten, dass die Kunden ihr Geld von dieser Bank nehmen. Allein durch eine solche Kettenreaktion, ganz egal, ob die Gerüchte wahr oder falsch sind, gerät die betroffene Bank tatsächlich in eine schlimme finanzielle Situation.

Versagensangst

Es gibt keinen Menschen, der sich nicht früher oder später mit der eigenen Versagensangst konfrontiert sieht. Wer kennt nicht Gedanken wie: „Das werde ich nicht schaffen!", „Ich habe sicherlich nicht genug für die Prüfung gelernt" und so weiter? Und schon ist der Nährboden für die nächste selbsterfüllende Prophezeiung gelegt:

Diese Gedanken beeinflussen unterbewusst Ihr Verhalten, sodass die Wahrscheinlichkeit, dass der Fall wie befürchtet eintritt, natürlich deutlich ansteigt. Da Sie jetzt wissen, was „Selbsterfüllende Prophezeiung" bedeutet, können Sie sie auch nutzen, um sie für sich einzusetzen.

Sie sind für Ihre Entscheidungen verantwortlich.

Glauben Sie an Ihren Erfolg!

Das ist die beste Art und Weise, den Erfolg zu erreichen. Aber auch Ihre Familie, Arbeitskollegen, Ihr gesamtes Umfeld wird von Ihren Erwartungen beeinflusst. Lassen Sie Ihre Kinder vor einer wichtigen Prüfung wissen, dass Sie an sie glauben! Auch einem unsicheren Arbeitskollegen können Sie vor einer Präsentation ein regelrechtes Hoch vermitteln, wenn Sie ihn wissen lassen, dass Sie an ihn glauben. Gerade am Anfang ist es aber nicht einfach, an sich selbst zu glauben. Immer wieder schleichen sich Selbstzweifel ein.

Glücklicherweise gibt es ein paar einfache Tipps, die Ihnen dabei helfen, sich ganz auf sich zu konzentrieren und sich wieder „neu" positiv auszurichten. Träumen erlaubt!

Seien Sie sich Ihrer Träume und Wünsche bewusst und arbeiten Sie daran, diese auch zu erreichen!

Verlieren Sie Ihr Ziel nie aus den Augen!

Stellen Sie sich die Fragen:

Was möchte ich erreichen (kurz- oder langfristig)?

Was bedeutet mir dieses Ziel?

Was bin ich bereit für dieses Ziel zu tun?

**Lernen Sie, sich auch durch aufkommende
Zweifel nicht von Ihrem Ziel abbringen zu lassen!**

Optimismus ist hier das Zauberwort, denn wenn Sie optimistisch bleiben, steht dem Erreichen Ihres Zieles nichts im Weg.

Achten Sie aber immer darauf, dass Ihr Wunschdenken nicht nur aus Fantasien besteht! Solche Fantasien können die Zielerreichung verhindern. Gedanken wie: „Ach, das wird schon funktionieren", sorgen dafür, dass die Bemühungen nachlassen und der Fokus verloren geht.

Zu große Vorfreude führt dazu, dass weniger Energie vorhanden und somit nicht genug für die Zielerreichung verfügbar ist. Bei der selbsterfüllenden Prophezeiung kommt es auf die richtige Dosis an, und das will auch erst einmal gelernt sein.

Affirmationen, Beten & Mantras

AFFIRMATIONEN
Im Positiven Denken werden Affirmationen dazu eingesetzt, dass Sie sich selbst – von innen heraus – positiv beeinflussen können.

Sie sind häufig ein Teil des Mentaltrainings, in dem es darum geht, dem Unterbewusstsein eine neue Richtung zu geben.

Negative Gedanken sollen in positive geändert werden. – Ihre Gedankenwelt wird neu ausgerichtet. Sie haben ja mittlerweile gelernt, dass Ihre Gedanken Ihre Entscheidungen, Ihr Verhalten und auch Ihre Gefühle beeinflussen. Wie können Sie nun mithilfe von Affirmationen Ihre Gedankenwelt neu ausrichten? **Ganz nach dem Motto: „Steter Tropfen höhlt den Stein."**

Dinge, die man immer wieder macht, mit denen man immer wieder auf die gleiche Weise konfrontiert wird, prägen sich tief ein und hinterlassen Spuren. Das ist zu vergleichen mit einem Pfad durch die Wiese, der entsteht, da man ihn immer wieder betritt. Im Umkehrschluss bedeutet das: Wenn Sie immer mit negativen Gedanken durchs Leben gehen, werden negative Handlungen und Aussagen zu Ihrem täglichen Leben gehören.

Diese unterbewusste Ausrichtung lässt sich mit positiven Affirmationen umkehren. Auf diese Weise wird es Ihnen möglich sein, Ihr Verhalten und Ihre Gefühlswelt auf Dauer positiv zu gestalten.

Es gibt eine Menge Affirmationen, („Ich liebe meinen Körper und sorge gut für ihn", „Ich bin es würdig geliebt zu werden", etc.), am wirksamsten ist es, wenn Sie Ihre persönlichen Affirmationen selbst formulieren, denn es geht hier ja schließlich um Sie.

Tipp:
Schreiben Sie sich Ihre negativen Verhaltensmuster und Gedanken auf! Formulieren Sie dann zunächst (auch schriftlich) Ihre eigenen persönlichen Affirmationen dazu!

Es ist an dieser Stelle wichtig, dass Sie hinter Ihren selbst formulierten Affirmationen wirklich stehen und sich mit ihnen wohlfühlen. Auf dieser Grundlage werden Sie dann auch Erfolge erzielen können. Im Anschluss können Sie diese auswendig lernen und sie immer wiederholen, oder Sie schreiben sie auf kleine Zettel, die Sie in Ihrer Wohnung aufhängen. Wichtig ist nur, dass Sie sie regelmäßig, mehrmals am Tag wiederholen.

Diese Wiederholungen können im Kopf stattfinden oder, wenn Sie z. B. ungestört sind, laut ausgesprochen werden. Indem Sie die Affirmationen laut aussprechen, werden sie noch besser verinnerlicht. Wenn Sie sich im Berufsalltag in einer Situation wiederfinden, die Sie verzweifeln lässt oder in der Sie der Mut verlässt, dann haben Sie jederzeit die Möglichkeit, die dazu passende positive Affirmation in Ihrem Kopf zu wiederholen und so die Zweifel und Ängste sofort in den Hintergrund zu schieben oder gar zu vertreiben.

Es gibt ein Volkslied aus dem 18. Jahrhundert mit dem Titel: „Die Gedanken sind frei".

> *Die Gedanken sind frei,*
> *wer kann sie erraten,*
> *sie fliehen vorbei,*
> *wie nächtliche Schatten.*
> *Kein Mensch kann sie wissen,*
> *kein Jäger erschießen.*
> *Es bleibet dabei:*
> *Die Gedanken sind frei.*

Denken Sie immer daran, Ihre Gedanken kennen nur Sie selbst und sie sind Ihr wirksamstes Werkzeug.

Wenn Sie Ihre Affirmationen formulieren, dann ist es zu empfehlen, dass Sie sich an die folgenden Regeln halten:

- ✓ Überlegen Sie sich, was Sie gut können und welche Ihrer Eigenschaften Sie im Alltag stärken möchten!
- ✓ Tipp: Kaufen Sie sich A7 Karteikarten und schreiben Sie – zumindest am Anfang – Ihre Affirmationen auf!

- ✓ Beginnen Sie Ihre Affirmationen immer mit „Ich bin..."!
- ✓ Affirmationen sollen kurz sein, damit man sie sich schneller merken kann und auch das Wiederholen leichter fällt.
- ✓ Es ist wichtig, die Affirmationen immer positiv zu formulieren.
- ✓ Wie fühlt es sich an, wenn Sie eine Affirmation zum ersten Mal laut aussprechen?

Ein paar Beispiele:

- ✓ Sie möchten Gewicht verlieren und schlank sein: „Jeden Tag werde ich ein wenig schlanker bis ich mein Zielgewicht erreicht habe."
- ✓ Bei der Partnersuche: „Ich bin offen für eine Partnerschaft."
- ✓ etc.

Wenn Sie Ihre Affirmation mit „Ich darf ...", „Ich kann mir erlauben ...", Ich freue mich darauf ...", „Es wird gut für mich sein ..." und ähnlich positiv ausgerichtetem Satzteil formulieren, dann sind Sie auf dem richtigen Weg.

Warum sind wir in uns selbst gefangen?
Wir Menschen haben an jedem Tag unseres Lebens rund 60.000 Gedanken, wovon sich ein Großteil Tag für Tag wiederholt. Es kommt demnach eher selten vor, dass wir einmal ganz neue Gedanken haben. Deshalb sind wir gewissenermaßen in uns selbst gefangen.

Es ist entscheidend, die eigenen, persönlichen Überzeugungen und Einstellungen immer wieder einmal zu „überprüfen".

Wenn Sie sich zum ersten Mal hinsetzen und über Ihre Überzeugungen und Einstellungen bewusst nachdenken, werden Sie sicherlich feststellen, dass viele davon gar nicht von Ihnen selbst „stammen". Viele davon übernehmen wir durch unsere Erziehung, durch Rollenbilder, Autoritätspersonen etc. Dadurch sind sie aber nicht unbedingt wahr oder „richtig" für uns. Wir leben unbewusst nach diesen Grundsätzen und obwohl es oftmals sehr belastend für uns ist, realisieren wir das nicht.

Typische Aussagen, die jeder von uns schon oft in seinem Leben gehört haben könnte, sind z.B.:

„Das wirst du niemals lernen, dafür bist du nicht klug genug!"

„Denke nach, bevor du etwas machst, was sollen denn die Nachbarn denken?"

„Ohne gute Noten brauchst du gar nicht nach Hause kommen!"
etc.

Gerade der letzte Satz prägt sich bei Kindern besonders tief ein. Kinder verstehen darunter: „Nur wenn ich gut in der Schule bin, hat man mich auch lieb". Später in der Arbeitswelt kommt es leider viel zu oft vor, dass wir immer noch nach diesem kindlichen Mantra handeln und agieren: Nur wenn ich im Job gute Leistung bringe, bin ich geachtet. Das passiert völlig unterbewusst und ist an dieser Stelle nur ein Beispiel dafür, wo Sie z. B. ansetzen können, um durch positive Affirmationen etwas zu verändern.

MANTRAS
In der Hauptsache geht es bei Mantras – wie auch bei Affirmationen - um kurze, prägnante Sätze, die Positives bewirken.

Das Wort **„Mantra"** wird vor allem im indischen und tibetischen Raum verwendet. Schon in der altindischen Sprache – dem Sanskrit – wurde vom positiven Einfluss von Klängen und Rhythmen auf die Menschen berichtet.

Das wohl weltweit bekanntestes Mantra ist das „Om". Es symbolisiert Energie in seiner reinsten und klarsten Form und gilt als Klang des Universums.

„Om" wird gerne zu Beginn von Yoga Stunden und Meditationen eingesetzt. Mantra bedeutet übersetzt „Schutz des Geistes". Es kann ein Vers, ein Satz, ein Wort oder eine Silbe sein.

Durch die häufige Wiederholung trainieren Sie Ihren Geist, sodass er zur Ruhe kommt. Dadurch haben Sie die Fähigkeit, sich auf Ihre selbst gestellten Aufgaben zu konzentrieren und zu fokussieren oder aber die identifizierten und nicht gewünschten schlechten oder lästigen Angewohnheiten abzulegen. Sie können Ihr Mantra dabei leise oder laut aussprechen, es in Gedanken wiederholen oder es auch singen. Das Mantra aufzuschreiben und damit zu meditieren sind weitere Möglichkeiten. Wenn Sie regelmäßig mit Ihrem Mantra trainieren, werden Sie die positiven Veränderungen an sich selbst schon nach kurzer Zeit feststellen.

Hier nun ein kurzer Überblick über die beliebtesten und bekanntesten Mantras:

OM (AUM)
Das OM haben Sie weiter oben ja schon kennengelernt. Neben dem Urklang des Universums steht es auch für die Vergangenheit, die Gegenwart und die Zukunft – alles was gewesen ist, was ist und was noch sein wird.

Gayatri Mantra
Das Gayatri Mantra besteht aus 24 Silben und ist besonders im indischen Kulturkreis bekannt. Es gilt als kraftvolles Mantra und soll das, was in Ihnen ruht und verborgen ist, zum Leuchten bringen.

SAT NAM

„Die Wahrheit ist mein Name" lautet die Übersetzung für dieses Mantra. Es soll dabei helfen, die innere Wahrheit zu erkennen.

NAMAH SHIVAYA
Dieses Mantra können Sie immer dann anwenden, wenn Sie Ihre Gedanken nicht ordnen können oder wenn Sie sehr aufgeregt sind. Es eignet sich hervorragend, um es sich in Gedanken aufzusagen und geht einfach: Atmen sie ein und denken sie sich NAMAH! Atmen Sie aus und denken Sie sich SHIVAYA!

Das können Sie so lange wiederholen, bis Ihr Kopf wieder zur Ruhe gekommen ist und Sie Ihre mentale Stärke wiedergefunden haben. Neben diesen gibt es noch zahlreiche weitere traditionelle Mantras. Am einfachsten ist es, wenn Sie sich Mantras für Ihre unterschiedlichen Lebensbereiche zulegen.

Im Folgenden finden Sie nun einige Beispiele für einzelne Lebensbereiche. Wie auch schon oben beschrieben, sind Mantras, die Sie selbst formulieren, viel effektiver, als solche, die Sie aus einer Liste übernehmen.

Selbstbewusstsein und innere Stärke

- ✓ „Ich bin genug. Ich bin stark. Ich glaube an mich."
- ✓ „Was andere von mir denken, ist mir egal."
- ✓ „Ich schaffe das, was ich mir vornehme und bin jeder Situation gewachsen."
- ✓ etc.

Selbstliebe

- ✓ „Was ich tue, tue ich für mich selbst."
- ✓ „Ich bin einzigartig, denn es gibt mich nur einmal."
- ✓ „Ich bin meines eigenen Glückes Schmied."
- ✓ etc.

Motivation

- ✓ „Geht nicht, gibt es nicht!"
- ✓ „Wenn etwas nicht so funktioniert, wie ich es möchte, dann versuche ich einen anderen Weg."
- ✓ etc.

Erfolg

- ✓ „Ich feiere meine Erfolge, denn ich habe schon viel geschafft."
- ✓ „Ich mache das, was ich tue mit Liebe und Hingabe."
- ✓ „Ich werde Erfolg haben, wenn ich das tue, was ich liebe."
- ✓ etc.

Gelassenheit

- ✓ „In der Ruhe liegt die Kraft."
- ✓ „Nobody is perfect!"
- ✓ „Ich vermeide unnötige Aufregung, denn das ist eine Verschwendung meiner Energie, die ich anderswo sinnvoller einsetzen kann!"
- ✓ etc.

Beziehungen

- ✓ „Meine Seelen- und Herzensmenschen, meine Familie, tun mir gut."

✓   „Ich suche die Nähe dieser Menschen, ich lasse sie einen Platz in meinem Leben einnehmen."
✓   „Ich lebe! Ich liebe!"
✓   etc.

Gesundheit

✓   „Wenn ich beschließe, glücklich zu sein, ist dies eine hervorragende Grundlage für meine Gesundheit."
✓   „Ich lebe gesund und ernähre mich ausgewogen."
✓   „Ich halte inne und atme einfach nur ganz bewusst."
✓   etc.

Schwere Zeiten

✓   „Alles wird gut!"
✓   „Wenn sich die dunklen Wolken wieder verziehen, dann scheint die Sonne!"
✓   „Zeit heilt alle Wunden!"
✓   etc.

Mut

✓   „Wo ein Wille ist, gibt es einen Weg."
✓   „Wer nicht wagt, der nicht gewinnt."
✓   etc.

Das sind wie gesagt nur einige Beispiele für Mantras, damit Sie einmal ein Gefühl dafür bekommen. Wie Sie vielleicht erkannt haben, gibt es einige Sätze, die Sie schon oft in Ihrem bisherigen Leben gehört haben.

Ist es nicht erstaunlich, wie viel Positives um uns herum vorhanden ist? Nur müssen wir es oft erst als solches identifizieren und dann danach handeln.

Mantras können Ihnen in vielen Lebensbereichen eine große Hilfe sein. Denken Sie dabei immer daran, Ihre Mantras POSITIV zu formulieren!

Denken Sie z. B. nicht: „Ich bin zu schüchtern, um fremde Menschen anzusprechen"! Ihr Mantra sollte nun lauten: „Ich lächle und gehe auf andere Menschen zu. Denn neue Menschen kennenzulernen, macht Spaß!".

Schreiben Sie sich Ihre Mantras in der Ich-Form auf, sodass Sie auch durch diese Form klar ausdrücken, dass es sich um Ihre persönlichen Mantras handelt.

BETEN

Neben Affirmationen und Mantras kann auch das Beten als Unterstützung eingesetzt werden.

Viele Menschen wenden sich oftmals erst in Notlagen mit Gebeten an Gott.

Sie legen all ihre Hoffnungen in ihre Gebete. Sie können ein regelmäßiges Gebet aber auch zur Unterstützung Ihres täglichen Rituals zum positiven Denken einplanen.

So können Sie Ihrem Tag schon mit einem motivierenden, positiven Gebet nach dem Aufwachen eine positive Ausrichtung geben. Aber auch in Momenten, in denen Sie sich über jemanden oder etwas ärgern, ist ein Gebet hilfreich, damit Sie sich beruhigen und wieder auf Ihre Ziele fokussieren können.

Ihre Gebete sind etwas, das Sie für sich ganz persönlich formulieren sollten. Sicherlich gibt es Gebete, die Ihren Wünschen, Fragen und der Bitte um Hilfe nah kommen, es sollen aber am besten ihre eigenen Worte sein.

Nicht nur bei Problemen helfen Gebete.

Gebete sind auch dazu geeignet, einmal „Danke" zu sagen.

„Danke", für das, was Sie auf Ihrem Weg schon erreicht haben.

„Danke", dass es Ihnen und Ihren Lieben gesundheitlich gut geht. Gerade in der heutigen, sehr technisierten Zeit glauben die Menschen immer weniger an die Kraft des Betens. Während des Betens sprechen Sie laut oder still und leise die Dinge aus, die Sie bedrücken und belasten.

Dadurch schaffen Sie Ordnung in Ihrem Inneren und die belastende Situation verliert ihre Kraft. Deshalb fühlen sich viele Menschen nach einem Gebet erleichtert.

Tipp:
Formulieren Sie Ihr Gebet selbst!

Wenn Sie die Sätze eher knapp und kurz halten, wird Ihnen Ihre Situation umso klarer. Beten Sie, wenn Sie verärgert sind oder Hilfe brauchen!

Ganz egal, ob Sie mit Affirmationen, Mantras oder Gebeten arbeiten, wählen Sie die Methode aus, die Ihnen persönlich am geeignetsten erscheint und am nächsten ist! Beten Sie aber auch, wenn Sie etwas Wunderbares erreicht haben und sagen Sie „Danke"!

Es wird Ihnen guttun und Sie auf Ihrem Weg unterstützen.

Vergeben und Verzeihen

Viele Menschen benutzen die Worte „Vergeben" und „Verzeihen" ganz unbewusst und ohne sich über den Unterschied im Klaren zu sein.

Bevor wir näher darauf eingehen, warum „Vergeben" und „Verzeihen" auch beim Positiven Denken eine wichtige Rolle zukommt, ist es sinnvoll, beide Begriffe unterscheiden zu können

Vergeben

Lassen Sie uns einen kurzen Blick auf den Prozess des Vergebens werfen. Wenn uns im Leben etwas Schlimmes passiert, dann ist es absolut menschlich, die Schuld dafür bei jemandem zu suchen. Es manifestiert sich ein Schuldvorwurf, bezogen auf einen bestimmten Schuldverursacher.

In unserer Verletztheit, Wut und unserem Leiden steht uns der Sinn nach Wiedergutmachung, was aber oft irrational ist, weil man bestimmte Geschehnisse einfach nicht wiedergutmachen kann. Es interessiert uns dann nicht, wenn der Verursacher Reue oder Einsicht zeigt. Wir sind so in unserem Leiden gefangen, dass wir in einer „Leidensspirale" stecken bleiben.

Vergebung ist aber fast die einzige Möglichkeit, Schritt für Schritt wieder sein eigenes Leben weiterführen zu können.

Das Ziel von Vergebung ist es, dass man sich eingesteht, dass die „Tat" nicht ungeschehen gemacht werden kann, dass man aber von nun an damit leben und wieder nach vorne schauen kann. Wenn Sie vergeben, dann vergessen Sie nicht. Vergebung ist keine Verleugnung oder Rechtfertigung. Vergebung ist ein erster Schritt, um bewusst positiv ausgerichtet sein eigenes Leben wieder in den Griff zu bekommen.

Verzeihen

Verzeihen dauert oft viel länger, manchmal Jahre und ist bei jedem Menschen etwas ganz Persönliches – ein persönlicher Prozess. Verzeihen kann auch nicht erzwungen werden.

Ein Beispiel: wenn z. B. zehn Menschen von einer wichtigen Bezugsperson die gleichen harschen und herabwürdigenden Worte hören würden, dann würde jede dieser zehn Personen anders damit umgehen und auch eine andere Zeitspanne benötigen, bis die Bereitschaft zum Verzeihen da ist.

Wenn Sie das Vergangene und die momentane, also aktuelle Situation akzeptieren, so wie sie jetzt ist, dann können Sie verzeihen. Geschehnisse und Verletzungen, die wir bisher in unserem Leben erlitten haben, tragen wir zu lange mit uns herum und benutzen sie zu lange als Ausreden.

Wir können die Vergangenheit nicht ändern, sondern nur unsere Art und Weise, mit ihr umzugehen.

Vergeben und Verzeihen sind sehr wichtig! Durch Verzeihen lösen wir uns emotional von einem Teil der Vergangenheit, der uns bisher verfolgt hat (bewusst oder unterbewusst).

Wir schaffen uns selbst die Grundlage, dass wir an diese Momente und Kränkungen denken können, wir aber dabei keine destruktiven (Hass, Trauer, etc.) Gefühle mehr empfinden. Wenn Sie das schaffen, sind Sie in der Lage, Ihren Blick wieder nach vorne zu richten.

Ihre Vergangenheit gehört zu Ihnen, die erfahrenen Kränkungen haben Sie geprägt. Ab dem Moment des Verzeihens sind Sie emotional frei.

Ein bewusstes Verzeihen ist etwas sehr Befreiendes und Schönes.

Verzeihen braucht seine Zeit und ist für viele oft ein langwieriger Prozess. Denn Verzeihen soll und muss ernst genommen werden.

Tipp:
Gerade im persönlichen Bereich gibt es oft Situationen, in denen man große und tiefsitzende Kränkungen erfährt (eine Beziehung kippt von Liebe auf Kränkung, Hass, Zorn, Trennung, etc.).

Diese Emotionen trägt man oft Jahre, wenn nicht Jahrzehnte, mit sich herum. Sie stehen oft auch einer neuen, glücklichen Beziehung im Weg.

Bei großen emotionalen Verletzungen ist Verzeihen sehr wichtig. Viele Menschen geben sich selbst oft zu wenig Zeit, eine vergangene (schlechte) Beziehung zu verarbeiten, und stürzen sich direkt wieder in eine neue. Das geht selten gut.

Erst wenn Sie sich emotional lösen und ganz bewusst verzeihen, können Sie sich von dem Vergangenen lösen und im Hier und Jetzt glücklich und erfolgreich sein.

Dankbarkeit

> *Dankbarkeit ändert die Blickrichtung des Herzens!*
> **C. Montaigne**

Das Wort „Danke" begleitet uns unser Leben lang. Es wird uns schon von unseren Eltern vermittelt und gehört zu einem respektvollen Umgang miteinander.

Dankbarkeit ist aber viel mehr.

Sie hilft Ihnen dabei, auf einfache Weise, Ihr Leben schöner und erfüllter zu gestalten. Wenn Sie einmal bewusst darüber nachdenken, werden Sie wahrscheinlich auch bei sich Tendenzen feststellen, wie Sie in manchen Situationen über irgendetwas jammern.

Das ist etwas Destruktives, das Sie herunterzieht und blockiert.

Ehrlich gemeinte Dankbarkeit ist etwas, das man sich bewusst erarbeiten und trainieren kann.

Es geht hier darum, dass Sie Ihren Fokus von all dem, was nicht gut ist oder was Sie als Defizit empfinden, abwenden. Stattdessen sind Sie dankbar, für all die Dinge, die in Ihrem Leben gut sind.

Wenn Sie Dankbarkeit einen ganz bewussten Platz in Ihrem Leben einräumen, dann hat das in der Folge sehr viele positive Auswirkungen auf Ihr Leben. So werden Sie z. B. feststellen, dass Sie in vielen Bereichen mehr Glück empfinden, denn Sie können sich auch über kleine Dinge freuen. Gleichzeitig werden Gefühle wie Eifersucht, Ärger, Zorn, Gier, etc. in Ihrem Leben keine vordere Rolle mehr spielen. Besonders in schwierigen Zeiten, wenn Sie vielleicht beruflich und/oder familiär unter Druck stehen, dann werden Sie so gut wie nie daran denken, für etwas dankbar zu sein.

Aber genau in solchen Phasen gibt es zahlreiche Momente und Dinge, für die Sie trotzdem dankbar sein können und sollten. Das sind oft alltägliche, kleine Dinge, die wir nicht mehr bewusst wahrnehmen, wie z. B. das fröhliche Vogelgezwitscher nach dem Winter, das uns den Frühling ankündigt.

Auch ich habe mich anfangs gefragt, wie ich mich bewusst mit Dankbarkeit auseinandersetzen kann und wie ich sie Teil meines Lebens werden lassen kann. Hierzu sind eigentlich nur ein paar kleine Übungen nötig.

Schreiben Sie sich als ersten Schritt fünf Dinge auf, die für Sie in den letzten Wochen gut gelaufen sind! Als Nächstes überlegen Sie ganz bewusst, wie Sie sich in diesen Situationen gefühlt haben und schreiben auch diese Gefühle auf!

Sie werden erstaunt sein, was Ihnen hier so alles einfällt. Wenn Ihnen mehr als fünf Beispiele einfallen, dann können Sie auch mit einer „Liste der Dankbarkeit" arbeiten.

Diese Liste kann unterschiedliche Überschriften haben und vielleicht werden Sie auch mehrere dieser Listen anlegen.

Als Überschrift gilt immer ein Satz, der dann von Ihnen mit verschiedenen Antworten ergänzt wird.

Beispiel:

Die Überschrift kann lauten:

- ✓ „Ich habe zwar im Moment viele Gründe, um traurig, besorgt oder wütend zu sein, aber..."
- ✓ „Ich habe Glück gehabt in den letzten Wochen/Monaten, weil ..."
- ✓ etc.

Haben Sie Ihre Überschrift gefunden, dann nehmen Sie sich einige Minuten Zeit (stellen Sie sich einen Timer) und schreiben Sie ehrlich all die Antworten auf, die Ihnen einfallen!

So sehen Sie auf einen Blick, wie viele Dinge es in Ihrem Leben gibt, für die Sie dankbar sein können. Wir Menschen neigen dazu, in vielen Dingen zuerst das Schlechte zu sehen, oder uns fallen Dinge auf, die nicht gut laufen.

Aber auch in solchen Situationen gibt es etwas, was gut ist. Im Alltag (wenn Sie keine Liste schreiben können) hilft Ihnen vielleicht eine Fragetechnik.

Ganz egal, ob im Berufsleben oder bei Streitigkeiten in der Familie: Wenn Sie sich wieder einmal sagen, dass Ihr Job Ihnen keinen Spaß mehr macht oder der Streit mit Freunden oder der Familie sich so richtig hochgeschaukelt hat, dann stellen Sie sich bewusst die Frage: „Was ist an dieser Situation trotzdem positiv?"

Sie werden immer etwas Gutes als Antwort finden.

Kommen wir noch einmal kurz zurück auf das „Dankesagen".

Die meisten Menschen verwenden es wie einen Automatismus und schauen die Person, der sie „Danke" sagen oft gar nicht in die Augen.

Manche Menschen sagen selten oder nie „Danke". Gewöhnen Sie sich an, ganz bewusst „Danke" zu sagen!

Hierbei ist es nur wichtig, der Person, der Sie „Danke" sagen, in die Augen zu schauen und ein wenig zu lächeln.

Sie selbst werden sich dabei gut fühlen und auch die andere Person wird in den meisten Fällen mit einem Lächeln auf Ihr bewusstes und freundliches „Danke" reagieren. Neben diesen Beispielen gibt es noch viele weitere Methoden, mit denen Sie an Ihrer Dankbarkeit arbeiten können.

Mit ein wenig Recherche werden Sie die Dankbarkeitsmethode finden, die am besten zu Ihnen passt. Es ist empfehlenswert, drei oder vier Methoden zu finden, die zu Ihnen passen und die Sie abwechselnd einsetzen können.

Auf diese Weise vermeiden Sie Langeweile und Gewöhnung bei Ihrem Dankbarkeitstraining.

Negativen Input erkennen und vermeiden

Selbstfürsorge oder auch Selbstpflege sind Begriffe, die Ihnen beim positiven Denken helfen können.

Denn ein großer Teil der Selbstfürsorge besteht darin, dass Sie nicht mehr zulassen, dass sich negative Dinge ansammeln und Sie herunterziehen.

Es liegt an Ihnen, wie viel negativen Input Sie zulassen.

Dieser negative Input bestimmt in der Folge Ihr Glück, Ihre geistige und auch körperliche Gesundheit.

Negativer Input, der sich anhäuft oder schon angehäuft hat, führt dazu, dass Sie in vieler Hinsicht leiden. Für Sie ist es wichtig, dass Sie lernen, selbstbewusst genug zu sein, um Ihre eigenen Erfahrungen einmal objektiv zu betrachten.

Dieser ehrliche und objektive Blick identifiziert automatisch auch die Quellen des negativen und positiven Input. Schauen Sie bewusst auf diesen negativen Input (Druck am Arbeitsplatz, unaufmerksame oder gleichgültige Freunde, ungesunde Angewohnheiten, eigene Gedanken, etc.).

Wie können Sie diesen „Ballast" loswerden?

Welche Bereiche des Lebens können Sie umorganisieren?

Welche Menschen können Sie loslassen und wie schaffen Sie es, ihnen keinen Einfluss mehr auf Ihr Leben zu geben?

Lassen Sie ab jetzt nicht mehr zu, dass sich negativer Input in Ihrem Leben ansammelt!

Es ist, als wenn Sie ein Gewicht ablegen, das Sie viel zu lange mit sich herumgetragen haben.

Der Weg des positiven Denkens ist ohne Selbstanalysen nicht zu schaffen.

Sie müssen aufhören, zu urteilen, sich über alles und jeden zu beschweren, sich um zu viele Dinge zu sorgen, etc.

Wenn Sie dazu bereit sind, dann können Sie sich die Zeit nehmen, tief in sich hineinzuschauen, den negativen Input zu identifizieren und sich bewusst mit ihm auseinandersetzen.

Teil III – Jetzt gehts ans Eingemachte

„Don`t change them, change yourself!" – Die innere Einstellung

Jede Veränderung, die wir Menschen anstreben, ist zuerst immer etwas beängstigend und gerade, wenn es um eine persönliche Veränderung geht, auch gar nicht einfach zu meistern. Den ersten Schritt zu machen, also mit der Veränderung zu beginnen und auf dem eingeschlagenen Kurs zu bleiben, ist die große Herausforderung.

Ihre innere Einstellung, der Wunsch und das Ziel, besser, glücklicher und gesünder zu leben, geben Ihnen hierfür die beste Grundlage. Erfolg fällt einem in keinem Lebensbereich einfach in den Schoß. Deshalb kann auch der Prozess der Selbstveränderung und Selbstverbesserung nur methodisch angegangen werden. Irgendwann in unserem Leben gelangen wir an einen Punkt, an dem wir in unseren Gewohnheiten geradezu stecken bleiben.

Stellen Sie sich einmal vor, Sie würden jeden Tag 30 Minuten oder 1 Stunde früher aufstehen! Wie würde sich diese kleine Veränderung positiv auf Ihr Leben auswirken?

- ✓ Sie können produktiver sein, weil Sie morgens mehr Zeit zur Verfügung haben.
- ✓ Sie können sich dazu entscheiden, mehr Achtsamkeit auf gesunde Lebensgewohnheiten zu richten (z. B. Power Walking und im Anschluss ein gesundes, ausgewogenes Frühstück).

✓ Durch bessere Schlafgewohnheiten verbessert sich Ihre Stimmung und Sie haben mehr Energie.

✓ etc.

Persönliche Veränderungen bedeuten nicht, dass Sie Ihr Leben komplett neu gestalten müssen oder werden. Persönliche Veränderung in kleinen Schritten ist klug und sinnvoll, denn es braucht immer einige Zeit, bis sich das Neue festigen und dann auch durchsetzen kann.

„Das Karussell im Kopf" – negative Gedanken und Grübeln stoppen

Kennen Sie das auch, dass Ihre Gedanken immer um ein und dasselbe Thema kreisen?

Meist sind es Situationen, in denen wir ein Problem lösen oder eine schwierigere Entscheidung treffen müssen. Wir können in solchen Situationen das Grübeln einfach nicht abstellen. In diesem Zustand fühlt es sich an, als hätten wir ein „Karussell im Kopf".

Wenn es nicht gelingt, an irgendeinem Punkt aus diesem Karussell auszusteigen, wenn wir es nicht anhalten können, dann wird das irgendwann auch Auswirkungen auf die Psyche haben. Dadurch kann Grübeln unter gewissen Voraussetzungen sogar zu einem zwanghaften Zustand werden.

Aber wie kann man ein solches Karussell – das zudem sehr viel Zeit und Energie stiehlt – nun unter Kontrolle bringen? Wie kann man dieses Grübeln abstellen? Über Probleme und Entscheidungen nachzudenken, ist notwendig und auch nicht gefährlich. Gefährlich wird es erst, wenn das Grübeln belastend wird. Menschen, die zum Grübeln neigen, sollten den Auslösern auf den Grund gehen.

Zu viel Selbstkritik, nicht verarbeitete, negative oder schlechte Erlebnisse, Schuld- und/oder Schamgefühl, traumatische Erfahrungen oder Erlebnisse etc. sind hier oft die Ursachen.

Menschen, die zu viel grübeln, sind sehr von der äußeren Anerkennung abhängig.

Grundsätzlich erleben wir jeden Tag viele verschiedene Gefühle. Sie kommen und gehen, bestimmen unser Leben. Es gibt Gefühle und Emotionen, wie z. B. die Traurigkeit, die uns länger beschäftigen. Wenn wir trauern, dann bleibt dieses Gefühl oft für mehrere Tage und die Betroffenen fühlen sogar körperliche Schmerzen.

Auch Hass ist ein sehr starkes Gefühl und kann mehrere Tage anhalten.

Je mehr Sie über ein Gefühl grübeln, desto länger bleibt es Ihnen erhalten. Das Karussell im Kopf wirkt sich zudem auch sehr stark auf Ihren Körper aus. Menschen, die zu viel oder ständig grübeln, leiden mit einer sehr hohen Wahrscheinlichkeit unter Schlafstörungen, Albträumen, Verspannungen, Panikattacken, Selbstzweifel und tragen ein hohes Maß an Frustration durch ihr Leben.

Je mehr Sie grübeln, desto höher wird Ihr Stresslevel.

Zum Glück gibt es einige Tipps, wie Sie es schaffen können, dieses Karussell im Kopf zu verlangsamen und anzuhalten.

Ablenkung
Früher habe ich öfter einmal gehört: „Ach, der grübelt so viel, weil er ja nichts anderes zu tun hat!". In dieser Aussage steckt ein großes Stück Wahrheit.

Menschen, die zu viel Zeit zum Nachdenken haben, neigen sehr dazu, ins Grübeln zu verfallen.

Für solche Menschen ist es besonders wichtig und notwendig, sich abzulenken. Wenn Sie bemerken, dass Sie zu viel grübeln, dann können Sie z. B. ein Buch lesen, den nächsten Urlaub oder ein langes Wochenende planen, mit einem lieben Menschen telefonieren etc. Dadurch konzentrieren Sie sich auf etwas anderes und durchbrechen das Grübeln.

Stopp!
Für mich hat das Stoppschild eine sehr große Wirkung.

Wenn ich merke, dass ich ins Trudeln gerate und dass das Grübeln mich wieder einmal zu vereinnahmen droht, dann stelle ich mir ein Stoppschild vor und stoppe mich selbst durch die Aussprache oder das Denken des Wortes „Stopp".

Ich habe dann das Gefühl, dass ich wirklich zum Stehen komme. Ganz bewusst und tief Atmen hilft zusätzlich und ich habe dann die Möglichkeit, mein Problem wieder mit frischen, konstruktiven Ideen anzugehen.

Aufschreiben
Es gibt Menschen, denen ist mit Papier und Stift eher geholfen. Für sie ist es wichtig und hilfreich, sich ihre Gedanken und die dazugehörigen Gefühle aufzuschreiben.

Nur so bekommen sie Klarheit und das Aufschreiben selbst holt sie schon aus dem Karussell heraus. Auf dem Papier lassen sich tatsächliche Erfahrungen und negative Gedanken hervorragend gegenüberstellen.

„Warum?" oder „Wozu?"
„Warum passiert das schon wieder mir?"
„Warum immer ich?"

Diese und ähnliche Fragen sollten Sie sich abgewöhnen, denn Sie werden nie eine Antwort erhalten, die für Sie die Lösung bedeutet.

Im Gegenteil: Je häufiger Sie sich die Warum-Frage stellen, desto mehr versinken Sie in Selbstmitleid.

Stattdessen fragen Sie sich ab jetzt:

„Wozu ist das jetzt gut?"

Wozu-Fragen bewirken nämlich, dass Sie nach vorne schauen, Ihre Hoffnung und Ihren Mut wiederfinden.

Die Macht der Gedanken
Wenn etwas einmal nicht klappt, wie Sie es geplant oder vorgehabt haben, dann hilft es, solche Rückschläge nicht negativ zu bewerten.

Alles, was uns im Leben passiert, hat einen Sinn.

Diesen erkennen wir aber oft erst einige Zeit später.

Deshalb ist ein Rückschlag oder eine Niederlage nur kurz negativ zu bewerten. Danach gehen Sie weiter Ihren Weg und der wird Sie an einen Punkt oder Ort führen, an dem Sie sich selbst sagen: Wie gut, dass das damals nicht geklappt hat, denn sonst wäre ich nicht hier!

Gewohnheiten sind mächtig

Dass der Mensch ein Gewohnheitstier ist, ist uns allen nicht neu. Unsere Tagesabläufe sind durch immer gleiche Routinen geprägt.

Dies ist auf eine Weise auch nicht so schlecht, weil wir dadurch einfach funktionieren, ohne zu viel nachdenken zu müssen.

Es gibt aber Bereiche, wo solche Gewohnheiten und Routinen von Nachteil sein können. Um Gewohnheiten besser zu verstehen, werfen wir zunächst einen Blick in die Wissenschaft.

In der Großhirnrinde des Menschen liegt die Schaltzentrale für „bewusstes Handeln". Sobald wir also beginnen, etwas Neues zu erlernen (das kann ein neues Verhaltensmuster, eine neue Tätigkeit oder eine neue Fähigkeit sein) wird hierzu die Großhirnrinde aktiviert.

Je mehr wir das neu Erlernte üben, je öfter wir es praktizieren, desto mehr wird es zur Routine. Im Laufe dieser Entwicklung wandert das Erlernte von der Großhirnrinde in die Tiefe des Gehirns. In den Basalganglien werden dann all unsere „Routinen" abgespeichert.

Für unser tägliches Leben bedeutet das, dass rund 95 % unserer Entscheidungen, die wir jeden Tag treffen, absolut unbewusst ablaufen. Aus diesem Grund ist es so schwer, Routinen oder schlechte Angewohnheiten, die automatisch ablaufen, zu durchbrechen. Auch die besten Argumente reichen meistens nicht aus, um solche Routinen zu verändern.

Damit Sie Ihre Gewohnheiten verändern können, sind einige Schritte notwendig. Zunächst ist es erst einmal wichtig, dass Sie die Gewohnheit, die Sie ablegen möchten, erkennen.

Sie verabschieden sich gedanklich von dieser Angewohnheit. Dies muss sehr nachdrücklich geschehen und „kleine Ausnahmen" dürfen von Ihnen auch nicht geduldet werden. Gewohnheiten haben immer einen Auslöser. Das gilt für gute Angewohnheiten und besonders für schlechte Angewohnheiten. Erst wenn Sie den Auslöser (Orte, Tageszeiten, Emotionen, Verhaltensweisen, Personen etc.) für die Gewohnheiten identifiziert haben, dann werden Sie in der Lage sein, den Kreislauf oder Automatismus zu durchbrechen.

Für jede noch so schlechte Angewohnheit gibt es nämlich eine Alternative.

Die „neue" Alternative sollten Sie so wählen, dass Sie Ihnen Spaß macht. Nur so können Sie sich selbst überzeugen, dass der ganze Prozess auch wirklich Sinn ergibt. Glauben Sie an den Sinn und Zweck dieses Schrittes! Er ist sehr wichtig für Ihre nachhaltige Veränderung. Im nächsten Schritt geht es nun darum, dass Sie die „Lücke" füllen, die Ihre schlechten Angewohnheiten hinterlassen.

Dies geht am besten, wenn Sie die schlechte Angewohnheit direkt durch eine neue, gute Gewohnheit ersetzen.

Ein Beispiel:

Sie sind sich dessen bewusst, dass Sie zu wenig bewegen und Ihr Körper zeigt Ihnen auch schon die ersten, daraus resultierenden Folgen. Hier kann es z. B. hilfreich sein, zunächst ein kleines tägliches Sportprogramm auszuführen.

Den nächsten Schritt nennen Psychologen „positive Konditionierung". Einfach ausgedrückt bedeutet das lediglich, dass Sie nicht vergessen sollten, sich für Ihre Erfolge zu belohnen.

Denn auch Belohnungen werden in Ihrem Unterbewusstsein abgespeichert und so lassen sich neue, gute Gewohnheiten besser lernen. Nicht jeder von uns ist in der Lage solche Veränderungen alleine durchzustehen. Sollten Sie zu diesen Menschen gehören, dann scheuen Sie sich nicht, Hilfe zu suchen. In den meisten Fällen ist schon eine Vertrauensperson ein hervorragender Unterstützer, die Sie motivieren und

Ihnen vielleicht auch mit Tipps und Anregungen zur Seite stehen kann.

Auch „Selbsthilfegruppen" und „Paten" sind Alternativen.

Eines haben aber all diese Schritte gemeinsam:

Nur wenn Sie diszipliniert sind und bleiben, werden Sie den gewünschten Erfolg haben. Machen Sie sich in schwachen Momenten immer bewusst, dass ein glückliches, zufriedenes und vielleicht sogar erfolgreiches Leben als Belohnung auf Sie wartet!

„Ab jetzt traue ich mich!" – Selbstzweifel und Blockaden überwinden

Selbstzweifel sind etwas, was wir alle in bestimmten Situationen unseres Lebens schon einmal kennengelernt haben.

„Bin ich gut genug?"
„Bin ich überhaupt dazu in der Lage?"
„Alle anderen sind besser als ich."
„Mir gelingt einfach nichts."

Das sind typische Sätze, die einem durch den Kopf gehen.

Um Selbstzweifel und die dazugehörigen Blockaden zu überwinden, müssen Sie sich derer erst einmal bewusst werden, sie identifizieren. Es gibt ein paar einfache Übungen, wie Sie daran arbeiten können, Ihre Selbstzweifel und Blockaden zu erkennen und aufzulösen:

„Liste meiner Stärken"
Diese Liste Ihrer Stärken darf auf keinen Fall etwas Negatives enthalten.

Vermeiden Sie Sätze mit „ja aber"!

Konzentrieren Sie sich ausschließlich auf all die Stärken, die Sie im Laufe Ihres Lebens an sich selbst erkannt haben!

Formulieren Sie sie sicher und selbstbewusst und lassen Sie Füllwörter wie „eigentlich" etc. gar nicht erst aufs Papier kommen!

Schreiben Sie auf, was Ihre besonderen Fähigkeiten und Stärken sind - alles, was Sie gut können und/oder wofür Sie gelobt werden! Lassen Sie die Liste „offen", denn es werden Ihnen im Laufe der nächsten Zeit mit Sicherheit noch weitere Punkte einfallen.

„Worst Case"
Unser „Kopfkino" kann mitunter übermächtig werden. Wir Menschen neigen nämlich dazu, dass wir uns regelrechte Worst –Case - Szenarien vorstellen, wenn die Selbstzweifel uns vor einer Entscheidung so richtig übermannen.

Wir wissen zwar auch (irgendwo ganz tief in uns drin) dass solche Szenarien aller Wahrscheinlichkeit nach nicht eintreffen werden, was uns aber nicht daran hindert, immer wieder im Worst - Case -Fall nachzudenken.

Damit Sie in Zukunft von solchen Szenarien befreit sind, hilft hier die folgende Übung:

Schreiben Sie (handschriftlich) ein solches Worst - Case -Szenario auf!

Während des Niederschreibens haben Sie nämlich Zeit, um sich selbst zu reflektieren. Durch diesen Prozess und das gleichzeitige Aufschreiben, leeren Sie Ihren Kopf, denn all Ihre Sorgen, Ängste und Selbstzweifel werden zu geschriebenen Worten.

Jetzt können Sie sie anschauen. Sie sind greifbar geworden und verlieren gleichzeitig die Macht, die sie über Sie hatten.

Sie werden erkennen, dass es keinen Sinn macht, sich gedanklich so in ein Worst – Case - Szenario hineinzusteigern, denn es wird Ihnen nur wertvolle Zeit und Energie rauben und am Ende ja doch nicht eintreten.

„Vergleichen verboten!"
Keinem Menschen tut es gut, sich immerzu mit anderen Menschen in seinem Umfeld zu vergleichen.

Außerdem sind solche Vergleiche absolut sinnlos, weil jeder Mensch einzigartig ist. Somit ist Vergleichen etwas Sinnloses und Sie sollten davon sofort Abstand nehmen.

Soziale Medien sind hier ein weiterer Punkt.

Selbstzweifel lassen sich nicht durch die Anzahl von Likes auslöschen.

Wenn Sie z. B. eine Tendenz dazu haben, sich über die Anzahl Ihrer Likes in den Sozialen Medien zu definieren, dann ist es für Sie ein guter Schritt, für einen bestimmten Zeitraum (z. B. einen Monat) eine Social-Media-Pause einzulegen.

Hierbei ist es wichtig, diszipliniert zu bleiben, denn es wird sich in den ersten Tagen wie ein Entzug anfühlen. Geben Sie aber bitte nicht nach und bleiben Sie stark! Erstaunlicherweise wird das Verlangen, etwas zu posten oder sich die Mitteilungen anderer anzuschauen, von Tag zu Tag weniger.

„Hobby"
Die zusätzliche Zeit, die Ihnen nun zur Verfügung steht, können Sie in ein neues Hobby investieren.

Sie erinnern sich sicherlich an das ein oder andere Mal, als Sie gedacht haben: „Wenn ich nur mehr Zeit hätte, könnte ich das zu meinem Hobby machen!". Überlegen Sie genau, was Sie sich als neues Hobby vorstellen können!

Woran hätten Sie Interesse und Spaß?

Nehmen Sie es jetzt in Angriff, denn es wird Ihnen und Ihrem Selbstvertrauen guttun!

„Dankbarkeitstagebuch"
Wir haben im Laufe des Buches schon erfahren, dass Positives die Grundlage für viele gute Dinge, Entwicklungen und Ergebnisse in unserem Leben ist. Sich am Ende eines Tages hinzusetzten und sich das aufzuschreiben, wofür man an diesem Tag dankbar ist, hilft dabei, all das Positive zu unterstreichen und sichtbar zu machen.

Wenn man schwarz auf weiß sieht, wie viel Gutes dieser Tag gebracht hat, dann werden neue Energien frei.

Auch die kleinsten Erfolge motivieren.

Es wird kein einfacher Weg, die durch Selbstzweifel aufgebauten Blockaden wieder abzubauen. Es ist aber möglich und es wird Ihnen guttun.

Schaffen Sie sich ein neues, positiv ausgerichtetes Selbstbild!

„Die Befreiung aus dem inneren Käfig" – Angst, ich lasse dich los!

Angst kann ein überaus beherrschendes Gefühl werden. Sie schränkt ein, belastet und verhindert, dass Sie ein Leben führen können, das sich gut anfühlt und Spaß macht. Wenn Sie in sich hineinschauen und feststellen, dass Angst in Ihrem Leben eine entscheidende Rolle spielt, dann ist es an der Zeit, aktiv etwas dagegen zu tun.

Es ist wichtig zu wissen, dass jeder Mensch eine Urangst in sich trägt. Das ist einfach ausgedrückt die Angst vor Schmerzen und dem Tod. Diese Angst ist gut, weil sie uns davon abhält, uns in gefährliche Situationen zu begeben.

Die Urangst beschützt uns Menschen vor realen Gefahren.

Doch die Angst, die es zu bewältigen gilt, ist eine „fiktive" Angst, also eine Art Einbildung, die sich in unseren Köpfen entwickelt und die mit der Realität wenig zu tun hat. Eine „fiktive" Angst geht auch immer mit negativen Bildern einher.

Haben Sie eine solche Angst identifiziert, dann ist ein erster Schritt, die negativen Bilder/Assoziationen in positive umzuwandeln.

Die meisten Menschen haben Versagensängste, Phobien, Angst vor Fehlern oder falschen Entscheidungen, Angst vor Neuem etc. Schreiben Sie sich eine Liste, auf der Sie all Ihre Ängste aufzählen!

Im nächsten Schritt stellen Sie sich zu jeder Ihrer Ängste die Frage: „Was kann mir im schlimmsten Fall passieren?"

Bei der Beantwortung geht es aber ausschließlich um die Realität, also um das Höchstwahrscheinliche – nicht um Gedankenkonstrukte.

Diese Antworten werden Ihnen verdeutlichen, dass ja eigentlich gar nichts Schlimmes passieren kann.

Wenn Sie z. B. Angst haben, andere Menschen um etwas zu bitten, dann gibt es nur zwei Möglichkeiten: Entweder die andere Person sagt „Ja" oder „Nein". Die Antwort „Nein" ist kein Weltuntergang und nichts, vor dem Sie Angst haben müssen.

Sie sitzen am Ruder und können Ihre eigenen Gedanken immer und zu jeder Zeit positiv beeinflussen.

Das erfordert gerade in der Anfangszeit etwas Mut und Vertrauen in die eigene Stärke, aber mit der Zeit und mit jedem kleinen Erfolg, den Sie über Ihre Ängste erzielen, wächst dieses Selbstvertrauen und Sie fühlen sich besser.

Gerade Leistungssportler werden Ihnen bestätigen, dass Erfolge – so klein sie am Anfang auch sein mögen – das beste Mittel gegen Ängste und ein geringes Selbstvertrauen sind. Solange Sie sich Ihren Ängsten nicht bewusst stellen, werden Sie sich selbst immer blockieren.

Ziele lassen uns wachsen

Ziele gibt es im persönlichen Bereich, im Sport, im Beruf und im Leben allgemein. An dieser Stelle wird von Psychologen gerne eine Übung herangezogen, die sich wie folgt gestaltet:

Stellen Sie sich vor, Sie sind auf einmal über 80 Jahre alt und schauen auf Ihr Leben zurück. Was in Ihrem Leben bereuen Sie, nicht gemacht zu haben?"

Sicher wird Ihnen eine Menge einfallen.

Das Gute ist, dass Sie jetzt noch genug Zeit haben, diese Wünsche in Ziele zu verwandeln.

Wie das geht, schauen wir uns nun einmal gemeinsam an.

Ziel finden
Wir alle haben Wünsche und Träume – das ist gut und richtig!

Die Kunst ist es, daraus konkrete Ziele zu machen.

An erster Stelle steht eine „Ziel -Liste". Hierauf gehören (noch ganz ungeordnet) Ihre persönlichen Wünsche und Träume. Achten Sie bitte darauf, dass es ausschließlich Ihre eigenen Wünsche und Träume sein sollen und nicht die anderer Personen!

Wenn Sie diese Liste anschauen (sie kann und soll im Laufe der Zeit immer mal wieder erweitert werden), dann sollten Sie sie zuerst filtern in „erreichbare" und „unrealistische" Ziele.

Danach unterteilen Sie sie in Gruppen.

Die Einteilung und Gliederung in Gruppen, für z. B „Berufliche Ziele", „Familiäre Ziele", „Persönliche Ziele", „Reise - Ziele", bringt vielen Menschen mehr Klarheit.

So haben Sie schon von Anfang an eine bessere Struktur und berufliche Ziele konkurrieren z.B. nicht mit privaten Zielen.

Ziel definieren
Jetzt können Sie damit beginnen, diese Ziele zu reflektieren und in der Folge genau zu formulieren. Achten Sie dabei auf die „Ist-Situation" und überlegen Sie sich, wie das Ziel sein soll (Soll-Zustand)!

Im Berufsleben wäre das z. B.: „Jetzt habe ich sehr viel Druck durch meine Vorgesetzten und Arbeitskollegen. Ich liebe aber meinen Beruf an sich".

In einer solchen Situation kann es ein klar formuliertes Ziel sein, die Abteilung oder sogar den Arbeitgeber zu wechseln.

Im privaten Bereich könnte es z.B. Ihr Ziel sein, Wohneigentum zu besitzen.

Um ein klares Ziel zu formulieren, ist es wichtig, dass Sie sich vielleicht erst einmal . überlegen, ob Sie lieber in der Stadt eine Eigentumswohnung oder im ländlichen Bereich ein Haus haben möchten.

Teilziele
In vielen Fällen lohnt es sich, mit Teilzielen zu arbeiten. Vor allem, wenn das Ziel groß und die Zielerreichung noch weit entfernt ist. Einen hohen Berg besteigen Sie auch in den seltensten Fällen ohne Pause, sondern planen vorher Etappen. So wird es für Sie viel leichter, am Gipfel anzukommen.

Mit der Erreichung eines Zieles wird es Ihnen genauso gehen.

Teilziele oder Etappen garantieren Ihnen auch Zwischenerfolge und somit einen Motivationsschub für die nächste Etappe.

Das beste Beispiel sind hier Leistungssportler:

Irgendwann in ihrem Leben fangen sie als Kinder an, einen Sport zu machen, der ihnen Spaß macht.

Wenn ein entsprechendes Talent, die Freude und das Training in einem Wettkampf erste Erfolge bringen, dann formen sich auch Ziele.

Erst, wenn man die Teilziele, Deutsche Meisterschaft, Europameisterschaft etc. erreicht hat und die Qualifikationsnormen erfüllt, kommt es überhaupt zu einer Teilnahme. Dann noch den Sieg zu erringen, ist das letzte Ziel nach einer langen Reihe von Teilzielen, ohne die man es wahrscheinlich nicht bis ganz nach oben geschafft hätte.

Überlegen Sie für sich, in welche Teilziele Sie Ihr großes Ziel untergliedern können.

Zielplanung
Sie haben Ihr Hauptziel formuliert und die Teilziele definiert. Im nächsten Schritt geht es nun darum, den Weg dorthin zu planen.

Es ist überaus hilfreich für die einzelnen Etappen einen persönlichen und individuellen Zeitrahmen zu planen. Hier können Sie mit Tagesplänen, Wochenplänen, Monatsplänen und Jahresplänen arbeiten.

Für den Einstieg ist es wichtig, dass Sie mit kürzeren Zeitplänen arbeiten, sodass Sie schneller zu einem Erfolgserlebnis kommen. So ist neue Motivation für die nächste Etappe garantiert.

Sie werden schnell ein Gefühl dafür bekommen, welche Zeitrahmen für die einzelnen Teilziele realistisch und erreichbar sind.

Im Projektmanagement gibt es die SMART-Formel, die für die Zielerreichung eingesetzt wird:

✓ S = spezifische Ziele
✓ M = messbare Ziele
✓ A = ausführbare Ziele
✓ R = realistische Ziele
✓ T = terminierbare Ziele

Diese Formel ist auf jeden Lebensbereich und die individuellen Ziele ausgezeichnet anwendbar.

Zielerreichung
Auf dem Weg zur Erreichung Ihres Zieles ist es, trotz all der Planung, aber auch notwendig, dass Sie flexibel bleiben. Ein starres Festhalten an Ihrer Planung kann leicht dazu führen, dass Ihr Ziel unerreichbar wird.

Sie müssen aufmerksam und flexibel bleiben und, wenn nötig, Ihre Planung neuen Umständen anpassen. Auch dürfen und sollen Sie sich auf dem Weg, z. B. bei der Erreichung eines Teilzieles, selbst belohnen.

Es ist etwas Großartiges, das Sie erreicht haben.

Ganz gleich, ob Sie sich etwas kaufen, auf das Sie schon lange ein Auge geworfen haben, ob Sie in ein Restaurant gehen, das Sie schon immer einmal besuchen wollten oder ob Sie übers Wochenende eine kleine Reise unternehmen, belohnen Sie sich und schöpfen Sie neue Energie für die nächste Etappe.

Berufung finden

Heutzutage haben immer mehr Menschen den Wunsch, nicht nur irgendeinen Beruf auszuüben, sondern ihrer Berufung zu folgen.

Leichter gesagt als getan.

Wenn Sie diesen Wunsch verspüren, dann ist es erst einmal wichtig, Ihre Berufung zu identifizieren.

Vielleicht arbeiten Sie schon viele Jahre in Ihrem Beruf, spüren aber seit längerer Zeit, dass Ihnen der Beruf keinen Spaß macht.

Sie arbeiten lediglich weiter, weil Sie Angst vor etwas Neuem und einer Veränderung haben.

Wenn dem so ist, nehmen Sie an einem arbeitsfreien Nachmittag Ihren Mut zusammen und beginnen zu analysieren, was Ihnen in Ihrem Leben Freude, Glück und Zufriedenheit gibt.

Beantworten Sie sich zum Beispiel folgende Fragen:

Womit verbringen Sie Ihre Freizeit?

Was sind Ihre Hobbys?

Zieht es Sie immer wieder zu handwerklichen Tätigkeiten hin?

Welchen Beruf wollten Sie als Kind ausüben?

Welche Fächer sind Ihnen in der Schule leicht gefallen?

Beleuchten Sie zudem, was genau Sie stresst, unglücklich und unzufrieden macht.

Dann überlegen Sie, welche der Tätigkeiten, die Sie gern ausüben, in Ihrem aktuellen Berufsbild gefordert werden. Erschreckenderweise werden die meisten feststellen – so gut wie gar nichts.

Um herauszufinden, was Ihre eigentliche Berufung ist, müssen Sie zunächst abschalten, dass Sie Ihren Job ausführen, um Ihre Existenz zu sichern. Denken Sie stattdessen: „Ich habe alle Freiheit einen Beruf auszuüben, der mir Spaß und Freude macht, der meine Berufung ist".

Welcher Beruf wäre das?

Heutzutage gibt es so viele unterschiedliche Möglichkeiten der Aus- und Weiterbildung, dass Sie vielleicht einen Weg finden (ohne zu große finanzielle Einschränkungen) Ihre Berufung zu Ihrem Beruf zu machen.

Sich selbst motivieren

Punkto Selbstmotivation ist es wichtig, sich auf die Dinge zu konzentrieren, die einem persönlich wichtig sind.

Das, was wir tun – im Job oder privat – muss für uns einen Sinn ergeben. Sobald wir diesen Sinn hinter einer Aufgabe erkannt haben, kommen wie von selbst Freude, Kreativität, Engagement etc. Dann können uns Rückschläge nicht mehr von unserem Weg abbringen.

Da Sie bereits wissen, dass bei der Zielerreichung negative Gedanken fehl am Platze sind, ist es umso wichtiger, dass Sie Ihr Augenmerk auf die positiven und motivierenden Gefühle legen.

Gefühle stehen für langfristige Motivation.

Wenn Sie eher der visuelle Typ sind, dann hilft es Ihnen vielleicht, sich mithilfe von kleinen Karten, auf die Sie Ihre „Anreize" schreiben und die Sie sich täglich anschauen, zu motivieren.

Wettkampftypen hingegen wählen für ihre Motivation gern das Instrument einer „Deadline". Bei ihnen ist die Zielerreichung wie ein Terminkalender organisiert.

Ganz egal, welche Motivationstechnik für Sie die richtige ist: Sie müssen immer darauf achten, dass Sie sich nicht überanstrengen und sich eine gewisse Lockerheit und Freude bewahren.

Intrinsische und extrinsische Methode

Was bedeutet „intrinsische" und „extrinsische" Motivation?

Der Unterschied ist recht einfach erklärt.

Von intrinsischer Motivation sprechen wir, wenn unsere Motivation aus uns selbst heraus entsteht. Sie ist für uns die größte und stärkste zur Verfügung stehende Antriebskraft beim Erreichen unserer Ziele.

Die extrinsische Motivation wirkt anders. Bei ihr liegt der Schwerpunkt auf äußeren Faktoren. Das können Anerkennung und/oder Belohnungen sein, aber auch Bestrafungen und Drohungen.

Im Idealfall führen intrinsische und extrinsische Motivation Sie gemeinsam zu Ihrem Ziel.

Gerade an Tagen, an denen Sie sich selbst schlecht motivieren können (das kommt vor, weil wir alle ja Menschen sind), können Ihnen extrinsische Motivationselemente dabei helfen, weiterhin an Ihren Zielen zu arbeiten.

Motive, „was treibt uns an?"

In der Psychologie ist die Erklärung für das Wort Motiv relativ klar. Hierbei handelt es sich um eine Persönlichkeitseigenschaft, die verdeutlicht, wie wichtig einer Person ihre selbst gesetzten Ziele sind.

In der Mitte des 20. Jahrhunderts kam es zum ersten Mal zu einer Unterscheidung zwischen den Begriffen: „Motiv" und „Motivation".

Motivation ist für die Psychologie etwas Variables. Sie ist auf einen bestimmten Zeitpunkt bezogen und kennzeichnet eine Handlungsbereitschaft.

„Was treibt Sie an?", ist eine wichtige Frage. Haben Sie sich bereits intensiver mit Ihrer Motivation beschäftigt?

Die folgenden Fragestellungen können bei der Beantwortung behilflich sein.

- ✓ Wann und wofür engagieren Sie sich gerne?
- ✓ Was liegt Ihnen ganz besonders am Herzen?
- ✓ Gibt es etwas in Ihrem Leben, in das Sie Ihr Herzblut investieren?
- ✓ Worauf können Sie absolut nicht verzichten?
- ✓ Warum üben Sie Ihr Hobby aus?
- ✓ Was können Sie besonders gut?
- ✓ Welche Tätigkeit ist für Sie sinnvoll?
- ✓ Was ist Ihnen in Ihrem Leben wirklich wichtig?
- ✓ Für welche Fähigkeiten werden Sie von anderen am häufigsten gelobt?

Aus den Antworten auf diese Fragen ergeben sich Ihre persönlichen Motive.

Neben den Dingen, die Sie gerne machen, bei denen Sie aber nie ein Profi werden, finden Sie auch richtige Talente und Stärken, die vielleicht bisher in Ihnen geschlummert haben.

Wie einfach „tickt" der Mensch? – Belohnungssystem und Belohnungswerte

Wenn unsere elementaren Lebensbedürfnisse wie z. B. Durst und Hunger befriedigt werden, dann stellen sich Glücksgefühle ein. All unser Planen und Handeln ist im Prinzip darauf ausgerichtet, dass wir glücklich(er) werden.

Das neuronale Belohnungssystem in unserem Gehirn sendet beim Empfinden von Glück und Freude Botenstoffe durch unseren Körper.

Dadurch fühlen wir uns wohl und haben den Antrieb weiterzumachen.

Dopamin (Neurotransmitter) ist der Botenstoff, der von diesem Belohnungssystem am häufigsten genutzt wird.

Das Dopamin fließt aber nicht nur durch unseren Körper, sondern gelangt auch in den Hippocampus (wichtig für das Lernen und das Gedächtnis).

Im Hippocampus werden all diese Informationen verarbeitet und an die Großhirnrinde übermittelt.

Hochgefühle, die unser Verlangen und unsere Sehnsucht nach gewissen Dingen auslösen, entstehen durch Endorphine.

Sie können schon ausgeschüttet werden, wenn wir nur auf etwas warten, das uns Freude und Glück bringen wird. Aus diesem Grund kann man diesen Bereich auch als Motivationssystem bezeichnen.

Belohnungswerte sind individuell. Um Belohnungen ideal einzusetzen, müssen Sie sich über Ihre eigenen Belohnungswerte klar werden.

Hier ein Beispiel:

Wenn ich dieses Kapitel zu Ende geschrieben habe, belohne ich mich selbst mit einer Tasse Kaffee. Ich bin leidenschaftlicher Kaffeetrinker und somit stellt die Tasse Kaffee für mich eine wesentlich größere Belohnung dar, als eine Tasse Tee. Kaffee hat für mich also einen höheren Belohnungswert als Tee, weshalb er sich eher eignet, um mich selbst für etwas zu belohnen.

Alles, was in unserem Körper positive Gefühle auslöst, hat einen hohen Belohnungswert.

Aus diesem Grund beeinflusst es unterbewusst unser Verhalten.

Ich empfehle Ihnen, sich eine Liste zu machen mit unterschiedlichen Dingen und deren Belohnungswerte, zum Beispiel von 1 (niedriger Belohnungswert) bis 10 (hoher Belohnungswert). So haben Sie stets gute Ideen parat und können Ihr Verhalten entsprechend verstärken. Natürlich sollten Sie sich die Belohnung mit dem höchsten Wert nur gönnen, wenn Sie auch etwas Großes erreicht haben. Die Belohnungen mit niedrigerem Wert können Sie beispielsweise für das Erreichen kleinerer Teilziele einsetzen.

Erfolgserlebnisse

Erfolgserlebnisse sind für Ihre Motivation so wichtig wie die Luft zum Atmen. Sie lösen Freude aus, sind ein wichtiger Bestandteil Ihrer Selbstbestätigung und geben Ihnen die Motivation, weiter an Ihren Zielen zu arbeiten.

Bleiben solche Erfolgserlebnisse aus, steigt die Gefahr, dass Sie in Gleichgültigkeit und Apathie verfallen. Vielleicht verstehen Sie nun auch etwas besser, warum eine Zielplanung mit Zwischenzielen so wichtig ist.

Das Erreichen eines Teilzieles ist ein Erfolgserlebnis und Sie erhalten dadurch den notwendigen Motivationsschub, die nächste Etappe in Angriff zu nehmen. Sorgen Sie deshalb so oft wie möglich und regelmäßig dafür, dass Sie Erfolge erleben und feiern!

„Du tust mir gut!" – Positive Beziehungen führen

Welche Beziehungen, ob zu Arbeitskollegen, Bekannten, Freunden oder Verwandten, haben für Sie persönlich einen Mehrwert?

Bei wem fühlen Sie sich zufrieden und glücklich? Schreiben Sie eine Liste und identifizieren Sie diese Menschen! Verbringen Sie ab sofort mehr Zeit mit diesen! Machen Sie für sich fest, woran es genau liegt, dass es sich um positive Beziehungen handelt!

- Liegt eine gegenseitige Wertschätzung vor?
- Teilen Sie Hobbys und Interessen?
- Können Sie gemeinsam lachen?
- Hat Ihr Gegenüber Eigenschaften, die Sie besonders schätzen?
- Helfen Sie sich gegenseitig in schwierigen Situationen?

Warum sagen Sie der anderen Person nicht einfach mal, was Sie besonders an ihr schätzen? Das wird Ihre Beziehung stärken. Bestimmen Sie auch die Menschen in Ihrem Umfeld, mit denen Sie schwierige und komplizierte Beziehungen haben! Notieren Sie sich die Namen und reflektieren Sie, woran es genau liegen könnte, dass es sich um negative Beziehungen handelt!

- Fehlt der gegenseitige Respekt?
- Haben Sie nicht viel gemeinsam?
- Liegt es womöglich an bestimmten Verhaltensmustern, warum Sie eine negative Beziehung führen?
- Wenn ja, wessen bzw. welche Verhaltensmuster sind das und können Sie sie durchbrechen?
- Ist die andere Person bereit, die Beziehung zu verbessern und an ihr zu arbeiten?

- Wenn nicht, können Sie sich von diesem Menschen trennen oder zumindest weniger Zeit mit ihm verbringen?

Solche Menschen tun Ihnen nicht gut und rauben zu viel Energie. Konzentrieren Sie sich darauf, mehr Zeit mit den Menschen zu verbringen, mit denen Sie sich wohlfühlen.

Denn nur solche Beziehungen machen glücklich und sind es auch wert, gelebt und gepflegt zu werden.

Dem Stress ein wenig voraus sein

Stress ist besonders in unserer heutigen Zeit ein häufiger Krankheitsauslöser.

Auch der Umstand, dass bei immer mehr Menschen ein Burn-out diagnostiziert wird, ist auf eine dauerhafte Stressbelastung zurückzuführen.

Lernen Sie, wie Sie Stressfaktoren erkennen und frühzeitig ausschalten können! In unserer heutigen, schnelllebigen Zeit gibt es eine hohe Zahl an Stressfaktoren:

- ✓ Termindruck
- ✓ Leistungsdruck
- ✓ Doppelbelastungen
- ✓ Dauererreichbarkeit
- ✓ Extrem hohe Informationsdichte (durch Medien)
- ✓ Hohe Anspruchshaltungen
- ✓ Schicksalsschläge in der Familie
- ✓ Gesundheitliche Probleme
- ✓ etc.

Finden Sie für sich selbst heraus, was für Sie Stress verursacht und arbeiten Sie ganz bewusst daran, diese

Stressfaktoren in Ihrem Leben zu minimieren und auszuschalten.

Zur sofortigen Stressbewältigung eignen sich z. B. das Einlegen einer Pause, an die Luft zu gehen und bewusst ein- und auszuatmen. Es ist auch sinnvoll, hin und wieder das Telefon leise zu stellen und sich selbst ein ruhiges Umfeld zu schaffen, oder z. B. in der Mittagspause einen Spaziergang zu machen.

Geht es um eine langfristige Stressreduzierung, dann bieten sich Instrumente wie Zeitmanagement an. Auch die schon vorher beschriebenen „unguten" Beziehungen aufzugeben, ist ein wichtiger Teil der Stressbewältigung. Verbannen Sie irrelevante Dinge, die Zeit und Energie verbrauchen, aus Ihrem Leben und nutzen Sie die gewonnene Zeit lieber für etwas, das Ihnen guttut und Sie glücklich macht.

„Das Kostbarste, das es gibt" – Ihre Gesundheit

Dieses Kapitel dient als kleine Anregung, mehr auf Ihre Gesundheit zu achten. Wenn Sie sich intensiver mit dem Thema auseinandersetzen möchten, finden Sie spannende und hilfreiche Lektüren in meiner Literaturempfehlung (Kapitel „Weiterführende Literatur" am Ende des Buches).

Ständiges negatives Denken, Ängsten immer mehr Raum zu erlauben und Dauerstress sind Faktoren, die die Gesundheit negativ beeinflussen und krank machen können. Wenn sich Ihr Körper und Ihre Psyche in einem Dauer-Belastungszustand befinden, dann setzt Ihr Organismus automatisch Hormone wie Adrenalin und Kortisol frei

Dadurch wird z. B. die Atmung flacher, das Herz schlägt schneller, der Blutdruck steigt und die Muskeln verspannen sich. Energieverbrauch und

Blutzuckerspiegel steigen an. Der Körper reagiert wie in einer Gefahrensituation und ist in einem andauernden Erregungszustand, was wiederum zu Erschöpfung und anderen körperlichen und psychischen Problemen führt.

Das Risiko für einen Herzinfarkt, Schlaganfall, Tinnitus oder Hörsturz steigt extrem. Aber auch Magen-Darm-Beschwerden, Diabetes und Dauerverspannungen sind die Folge von Überlastungen. Im Bereich der psychischen Erkrankungen sind typischerweise Burn-out, Depressionen, Panikattacken und Erschöpfungszustände zu nennen.

Was können Sie für Ihre Gesundheit tun?
Planen Sie in Ihren Tages- oder Wochenplan kleine, aber wichtige Sport- und Fitnesseinheiten ein – regelmäßig!

Nutzen Sie das Wochenende doch einmal dazu, eine Wanderung zu unternehmen, anstatt auf dem Sofa fernzusehen. Es ist nämlich ein tolles Gefühl, wenn Sie nach einer mehrstündigen Wanderung unter der Dusche stehen und Körper und Muskeln spüren.

Achten Sie außerdem auf eine ausgewogene Ernährung. Vor allem erhöhter Zuckerkonsum und versteckte Fette sind schädlich. Nehmen Sie sich strikt vor, mehrere Tage die Woche gesund zu kochen, z. B. das Fastfood zu streichen und stattdessen frisches Gemüse zu kaufen und eine Suppe zuzubereiten.

Die Punkte Ernährung und Bewegung sind enorm wichtig für Ihre Gesundheit. Falls Sie diverse Beschwerden haben, nehmen Sie die Signale und Zeichen Ihres Körpers ernst und gehen Sie zu einem Arzt.

Ihre Gesundheit ist Ihr höchstes Gut.

Lieben, schätzen und akzeptieren Sie sich

Selbstliebe ist ein wichtiger Bestandteil unseres Lebens und ein Grundpfeiler, um ein positives und glückliches Leben führen zu können.

Leider herrscht aber auch in der heutigen Zeit noch oft die Meinung vor, dass Selbstliebe etwas Egoistisches und deshalb nichts Erstrebenswertes ist.

Einspruch!

Schon aus der Bibel kennen wir die Aufforderung: „Liebe Deinen Nächsten wie Dich selbst!". Leider folgen wir dieser Aufforderung nicht, denn die meisten Menschen sorgen sich nicht genügend um sich selbst. Selbstliebe aufzubauen und den eigenen Selbstwert zu erkennen, geschieht nicht auf Knopfdruck. Es ist ein Prozess.

Wenn man ein gutes und stabiles Selbstvertrauen hat, seine Selbstliebe und sein Selbstbewusstsein auf gesunden Füßen stehen, dann ist man bestens gewappnet, um seine Gedanken neu und positiv auszurichten. Aus diesem Grund finden Sie in meiner Literaturempfehlung (Kapitel „Weiterführende Literatur") ein Buch über Selbstliebe, das sich absolut lohnt, ergänzend zu meinem zu lesen.

Eigene Grenzen definieren

Solange wir nicht in der Lage sind, unsere eigenen Grenzen zu definieren, können wir sie auch nicht überwinden. Rein gefühlsmäßig wissen wir alle so ungefähr, wo unsere Grenzen sind.

Die eigenen Grenzen genauer kennenzulernen, funktioniert gut, wenn Sie sich folgende Fragen stellen:

✓ Welche Bedürfnisse sind für Sie so wichtig, dass Sie eine Grenzüberschreitung nicht tolerieren würden?

✓ Was ist Ihnen wichtig und wofür kämpfen Sie?

✓ Welches Verhalten Ihrer Mitmenschen ist für Sie nicht in Ordnung?

✓ Wann bzw. in welchen Situationen werden Ihre Grenzen überschritten?

✓ Gibt es vielleicht bestimmte Personen, die häufig Ihre Grenzen überschreiten?

✓ Wenn ja, wie wollen Sie das zukünftig vermeiden?

✓ Wie wollen Sie andere auf Ihre Grenzen aufmerksam machen und wie möchten Sie vorgehen bei wiederholter Grenzüberschreitung?

✓ Gibt es etwas, das Sie schon viel zu lange tolerieren, ohne es zu stoppen?

✓ Welcher Mensch hat zum letzten Mal Ihre Grenzen überschritten, indem er Sie schlecht behandelt oder sich auf bestimmte Weise verbal geäußert hat?

✓ Warum erlauben Sie bestimmten Menschen immer wieder, zu nah an Sie heranzukommen?

Mit diesen und ähnlichen Fragen lernen Sie Ihre Grenzen kennen.

Lassen Sie sich von niemandem beeinflussen, was das ausfindig-Machen Ihrer Grenzen angeht. Sie wissen selbst am besten, was okay für Sie ist und was nicht. Es ist sehr ungesund, seine eigenen Grenzen auf Dauer zu missachten. Verzichten Sie in Zukunft nicht mehr darauf, diese einzufordern! Sie haben ein Recht darauf. Kommunizieren Sie Ihre Grenzen auf höfliche und wenn nötig bestimmende Art und Weise!

Denn nur wenn Ihre Mitmenschen darum wissen, können sie daran arbeiten, diese nicht mehr zu übertreten.

Teil IV – Praktische Übungen zum Positiven Denken

E inige Techniken zum Positiven Denken habe ich Ihnen in den vorherigen Kapiteln bereits vorgestellt. Ergänzend dazu möchte ich Ihnen folgende Übungen mitgeben:

Resilienz- Training

In der Psychologie wird Resilienz als der Prozess verstanden, den Menschen durchlaufen, wenn sie ihr Verhalten nach Veränderungen oder bei neuen Herausforderungen anpassen.

Resilienz wird von einer Vielzahl von Faktoren bestimmt.

Zu den beeinflussenden Umweltfaktoren zählen z. B. Familie, Kultur, soziales Umfeld.

Persönliche Faktoren sind emotionale und kognitive Fähigkeiten. Als Letztes spielen auch noch Prozessfaktoren (Krisenbewältigung, Akzeptanz etc.) eine entscheidende Rolle.

Resilienz ist demnach bei jedem Menschen ganz unterschiedlich ausgeprägt.

Da die Grundlagen bereits in der Kindheit gelegt werden, kann es als Erwachsener nötig sein, solche angelegten Handlungs- und Denkmuster zu verändern. Das Schöne und Wertvolle an dem Wissen, über das wir heutzutage verfügen, ist auch die Erkenntnis, dass man Resilienz trainieren kann.
Durch ein solches Training kann es Ihnen an jedem Punkt des Lebens dabei helfen, Altes loszulassen und sich auf Neues zu konzentrieren.

Es ist sinnvoll, Ihr Resilienz -Training mit einem „Optimismus Tagebuch" zu beginnen. Optimismus ist eine positive Lebensausrichtung. Hier lernen Sie, nicht alles für selbstverständlich anzusehen, sondern auch kleine Dinge im Alltag zu schätzen.

Durch eine optimistische Lebensausrichtung werden Sie in der Lage sein, mit neuen Situationen besser zurechtzukommen.

Auch Ihre Gesundheit wird davon profitieren.

In Ihr Optimismus-Tagebuch gehören die schönen Dinge, die in Ihrem Leben passieren:

- ✓ Worüber haben sie heute gelacht?
- ✓ Was haben Sie gut gemacht?
- ✓ Was ist Ihnen Schönes passiert?
- ✓ Warum geht es Ihnen besser als anderen?
- ✓ etc.

Auch ein Erfolgsjournal ist ein sinnvolles Element.
In Ihr Erfolgsjournal schreiben Sie handschriftlich (wesentlich effektiver als etwas in den Computer zu tippen) jeden Tag drei Dinge, die Ihnen an diesem Tag gut gelungen sind.

Schon während Sie schreiben, machen Sie sich automatisch Gedanken darüber, wie Sie auf diesen Erfolgen aufbauen können.

Wenn Sie sich für Ihr Erfolgsjournal ein schönes Buch zulegen, in das Sie all Ihre Einträge machen, so können Sie auch immer wieder einmal die „alten" Seiten durchblättern. So haben Sie einen realistischen Blick auf Ihre persönliche Entwicklung. Der Blick auf Ihre Erfolge schenkt Ihnen neue Motivation. Die bewusste Reflektion Ihres Tages gibt Ihnen die Möglichkeit, sich besser kennenzulernen.

Auch stärkt der Blick auf positive Ergebnisse und Ereignisse Ihr Selbstvertrauen und Selbstbewusstsein.

Bei der Zielplanung haben Sie ja bereits von täglichen Teilzielen gelesen. Diese täglichen Ziele sind auch ein Baustein des Resilienz-Trainings. Tägliche, realistische Ziele, die erreicht werden können, stehen hier im Vordergrund.

Formulieren Sie jeden Morgen, z. B. beim Frühstück, Ihre Tagesziele auf der folgenden Grundlage:

- ✓ Was möchten Sie heute tun?
- ✓ Wie wollen Sie sich heute sehen?
- ✓ Was soll Sie heute ausmachen?
- ✓ Wer wollen Sie heute sein?
- ✓ etc.!

Mit dieser Übung können Sie von nun an jeden Tag beginnen. Es liegt einzig und allein bei Ihnen selbst, was Sie aus Ihrem Tag machen.

Sie können sich jeden Tag neu erfinden und bleiben dabei immer nach vorne gerichtet und auf die Erreichung Ihrer Tagesziele fokussiert. „Empathie" ist in den letzten Jahren fast schon ein Modewort geworden. Es bedeutet so viel wie Mitgefühl oder Einfühlungsvermögen.

Gerade das Einfühlungsvermögen ist eine Fähigkeit, die bei manchen Menschen nur wenig oder gar nicht vorhanden ist. Empathie ist aber im zwischenmenschlichen Umgang unsagbar wichtig.
Sind Sie empathisch, dann sind Sie in der Lage, die Körpersprache und Gefühlslage anderer Menschen zu erkennen und echte Freundschaften zu führen.

Empathie zu üben, ist etwas sehr Einfaches, kostet nichts und nimmt nur wenig Ihrer Zeit in Anspruch.

Wenn Sie z. B. während des Tages an einen lieben Menschen denken, dann schreiben Sie eine kurze SMS oder E-Mail! Lassen Sie andere Menschen wissen, dass Sie an sie denken!

Oder aber Sie gehen auf Ihrer Arbeitsstelle einen Kaffee holen: Fragen Sie doch einfach Ihren Schreibtischnachbarn oder Arbeitskollegen, ob er auch einen Kaffee möchte! Finden Sie für sich die richtige Kombination aus den hier vorgestellten Möglichkeiten, um Ihre Resilienz zu trainieren. Sie werden je nach Vorgeschichte mit Sicherheit einige Wochen oder Monate brauchen, um Ihre alten Muster zu verändern.

Es lohnt sich aber sehr.

Nein-Sagen

Wenn Sie zu den Menschen gehören, die (fast) nur „Ja" sagen, dann ist es gerade für Sie sehr wichtig, dass Sie lernen, auch „Nein" zu sagen. Das hört sich erst einmal einfacher an, als es tatsächlich ist.

Nein-Sagen kann man aber lernen.

In den meisten Fällen möchte man es vermeiden, Nein" zu sagen. Man fürchtet sich vor negativen Reaktionen oder Ablehnung.

Ein „Nein" muss aber nicht schroff ausgesprochen werden. Sie können zu Hause Ihre Stimmlage so trainieren, dass Ihr „Nein" einen liebevollen Klang hat.

Ein weiterer Faktor ist, dass Sie vielleicht zu schnell auf eine Frage mit „Ja" antworten. Trainieren Sie sich, in dem Sie ganz bewusst über die gestellte Frage nachdenken und sich überlegen, ob Sie der Bitte nachkommen möchten oder ob sich etwas in Ihnen sträubt!

So erkennen Sie, was Sie wirklich möchten. Die Erwartungshaltung der anderen Person soll und darf keinen Einfluss auf Ihre Antwort haben. Wenn Sie trotz einem liebevoll ausgesprochenen und wohlüberlegten „Nein" immer noch das Gefühl haben, dass Ihr Gegenüber Ihre Antwort nicht akzeptieren will, dann steht es Ihnen frei, Ihre Entscheidung zu begründen.

Kindern gegenüber hat sich dies bewährt, aber auch Erwachsene können Sie dann oft besser verstehen.

Beim „Nein"-Sagen sollten Sie ehrlich bleiben.

Sich mit einer „Notlüge" für ein „Nein" zu rechtfertigen, wird nicht funktionieren.

Die Menschen, die Ihr „Nein" partout nicht akzeptieren wollen und Sie in Folge dessen sogar beleidigen oder herabwürdigen, dürfen Sie gerne aus Ihrem Leben verbannen.

Ein „Nein" zeigt Ihre persönlichen Grenzen auf. Lassen Sie sich in Zukunft nicht mehr von anderen überreden, damit Sie mehr Energie für sich selbst zur Verfügung haben!

Meditation & Atemübung

Wenn Sie regelmäßig meditieren, werden Sie entspannter, ruhiger, gelassener und in der Folge werden Sie sich auch glücklicher fühlen.
Meditation ist etwas, das Sie gut allein erlernen und durchführen können.

Schaffen Sie sich in Ihrem Zuhause einen „Meditationsort", einen Raum, in dem Sie in Ruhe in sich gehen können.

Alle Ablenkungen (Handy etc.) werden während Ihrer Meditationszeit ausgeschaltet. Setzen Sie sich bequem hin, schließen Sie Ihre Augen, atmen Sie ruhig, gleichmäßig und bewusst in die Nase ein und über den Mund wieder aus!

Lassen Sie Ihre Gedanken los und schieben Sie sie sanft beiseite, wenn sie sich in den Vordergrund drängen!

Das ist gerade dann, wenn Sie mit der Meditation beginnen, manchmal eine große Herausforderung. Wenn Sie zu Beginn 2-3-mal/Woche eine Meditationseinheit von 5 bis 10 Minuten einplanen, ist das ideal.

Ihr Ziel sollte es sein, täglich eine Meditationseinheit einzuplanen. Dadurch garantieren Sie sich jeden Tag eine tiefe Entspannungseinheit.

Nach dem Meditieren ist es wichtig, ein paar Minuten Zeit zu haben, um wieder schrittweise im Hier und Jetzt anzukommen.

Sofort wieder mit einer Tagesaufgabe weiterzumachen, würde den Entspannungseffekt des Meditierens zunichtemachen.

Wenn jetzt Ihr Interesse für die Meditation geweckt ist, so kann ich Sie nur dazu ermutigen, sich näher mit den einzelnen Meditationstechniken zu beschäftigen und die Technik zu finden, die Sie für sich passend finden. Eine Buchempfehlung von mir finden Sie dafür im Kapitel „Weiterführende Literatur".

Atemübungen sind ein wirksames Instrument in Stress- und Belastungssituationen und lassen sich unkompliziert in Ihren Tagesablauf integrieren. Sie brauchen keinen speziellen Raum und können immer und überall angewandt werden.

Leider atmen die meisten Menschen nicht tief genug ein, wodurch eine flache Atmung zu einer schlechten Angewohnheit wird.

Legen Sie eine Hand auf Ihren Bauch und atmen Sie dann tief durch Ihre Nase ein!

Spüren Sie bewusst, wie sich Ihr Bauch beim Einatmen – unter Ihrer Hand – ausdehnt! Dann atmen Sie aus und Ihr Bauch zieht sich wieder zurück!

Das ist die **einfachste Übung für ein bewusstes Atmen**, die Sie immer und überall ausführen können.

Bewusstes Atmen stärkt zudem Ihre Achtsamkeit.

Beim akuten Stressabbau wird gerne die folgende Methode angewandt:

Durch die Nase einatmen und dabei langsam bis 4 zählen!

Danach halten Sie die Luft an, während Sie bis 6 zählen.

Im Anschluss folgt ein langsames, stetiges Ausatmen, bis Sie die Zahl 8 erreicht haben.

Wenn Sie diese Übung 5x wiederholen, wird sich Ihr Blutdruck senken und Ihr Körper wird langsam zur Ruhe kommen.

Menschen, die unter Stress leiden und vollgepackte, anstrengende Tage haben, können trotz ihrer körperlichen und geistigen Ermüdung oft nicht einschlafen.

Hier hilft eine einfache, aber sehr **effektive Atemübung**.

Legen Sie sich entspannt in Ihr Bett und atmen Sie bewusst ruhig ein und aus!

Michael Bergmeier

Zählen Sie nun Ihre Atemzüge bis zur Zahl 9 und beginnen Sie dann wieder mit 1!

Beim Zählen konzentrieren Sie sich weiterhin auf Ihre Atmung, das Heben und Senken Ihrer Bauchdecke.

Der Herzschlag reduziert und das Nervensystem beruhigt sich. Durch die Konzentration auf den Atem verschwinden all die Gedanken, die Ihnen sonst vor dem Einschlafen durch den Kopf jagen.

Das alles sind – wie gesagt – nur mögliche Anregungen und Übungen, die Ihnen dabei helfen, sich auf sich selbst zu konzentrieren.

Tasten Sie sich heran, seien Sie offen für neue Erfahrungen und freuen Sie sich auf die Erfolge, die Sie erzielen werden!

84

Warum es sich lohnt, positiv zu denken

Als Kinder und teilweise auch noch als Jugendliche haben wir grundsätzlich einen positiven Blick auf alles, was um uns herum passiert.

Leider geht uns diese Fähigkeit im Zuge unseres Erwachsenwerdens viel zu oft verloren.

Die Macht der positiven Gedanken ist nicht zu unterschätzen und sie spiegelt sich in Ihrer psychischen und physischen Gesundheit wider.

Dadurch, dass Sie wieder an Ihre Talente und Fähigkeiten glauben, werden Ihnen im Berufsleben viel mehr Dinge gelingen und Sie werden erfolgreicher werden.

Im Zuge des „Positiven Denkens" lernen Sie an Ihrer Kommunikation zu arbeiten und nicht mehr jede Aussage persönlich zu nehmen. So verbessern und stabilisieren sich Ihre zwischenmenschlichen Beziehungen.

Auch erlernen Sie die Fähigkeit, negative und belastende Dinge und Personen aus Ihrem Leben zu „entlassen".

Seien Sie neugierig und freuen Sie sich auf all die guten Veränderungen, die der neu gewonnene Optimismus in Ihr Leben bringen wird!

Schlusswort

Ich fahre nicht mehr oft mit der Münchner U-Bahn, außer wenn ich meine Lieblings-Pizzeria am Stachus besuche. Die ist mit der U-Bahn deutlich schneller und einfacher zu erreichen als mit dem Wagen.

Wenn mir dann all die unzufriedenen Gesichter begegnen, werde ich sofort an damals erinnert: Als ich mich vollen Mutes und zielstrebig auf den Weg zu meinem ersten Assessment Center machte.

Ich hatte große Hoffnung, die attraktive Ausbildungsstelle in jenem großen Unternehmen zu bekommen. Diese Hoffnung begleitete außerdem eine „jugendliche" Portion Unbedarftheit und wahrscheinlich auch etwas Naivität.

Sie können sich bestimmt vorstellen, wie es sich anfühlte, als ich gleich zu Beginn aussortiert wurde. Der Aufprall war hart! So hart, dass ich in ein Loch fiel und von diesem Moment anfing, an mir zu zweifeln.

Selbstzweifel kannte ich zuvor nicht, denn ich war ein selbstbewusstes und glückliches Kind. Mein größter Fehler war wohl, dass ich alles auf eine Karte setzte. Und mich emotional davon abhängig machte, ob ich diese Ausbildungsstelle ergatterte oder nicht.

Heute bin ich für dieses Erlebnis des Scheiterns unendlich dankbar. Es hat mich zwar kurzfristig aus der Bahn geworfen, aber ich fing mich wieder, las viele Bücher über das Positive Denken und führte tolle Gespräche mit weisen Personen, die scheinbar zufällig meinen Weg kreuzten.

Das Positive Denken war und ist bis heute mein treuer Wegbegleiter.

Wenn ich damals nicht eiskalt ausgelesen worden wäre, befände ich mich heute nicht hier.

Positives Denken hat es mir erleichtert, eine „alternative" Ausbildung durchzuhalten. Es half mir auch dabei, ein eigenes, erfolgreiches Unternehmen zu gründen.

Ohne das Positive Denken wäre ich wohl nicht der Optimist, der ich nun glücklicherweise bin.

Sie wissen sicher, wie schwer es manchmal ist, die Erfolgsleiter hinaufzuklettern.

Während anderen der Erfolg scheinbar in den Schoß fällt, hat man selbst das Gefühl, man müsse durch Wände laufen oder den Mount Everest besteigen, um sein Ziel zu erreichen. Genau so ging es mir auch. In meiner gesamten beruflichen Laufbahn befanden sich viele schwere Steine, die ich ohne das richtige Mindset nie aus dem Weg hätte räumen können.

Dieses Mindset kostete und kostet mich – seit meiner Jugend – sehr viel Zeit - Zeit für praktische Übungen zum Positiv Denken wie das Führen eines Erfolgstagebuches und positive Affirmationen.

Genau das war und ist mein Geheimnis: Ich investiere Zeit und Energie in mein positives Mindset.

Wenn ich merke, dass negative Gedanken oder Selbstzweifel aufkommen, fokussiere ich mich immer wieder neu auf das Gute an mir und praktiziere verstärkt Mantras, Gebete und Affirmationen.

Unsere Lebenszeit ist viel zu kostbar, als sie mit negativen Gedanken zu verschwenden!

All das, womit ich es geschafft habe, der Negativspirale zu entkommen und noch viel mehr, finden Sie in meinem Buch.

Jetzt liegt es an Ihnen, den ersten Schritt zu machen, den ersten Schritt in ein neues Leben, das Sie ganz bewusst gestalten und an dem Sie noch mehr Freude haben werden.

Seien sie nicht mehr fremdbestimmt, sondern nehmen Sie die Zügel Ihres Lebens selbst in die Hand!

Nur Sie sind „Ihres Glückes Schmied".

Warten Sie keinen Tag länger!

Freuen Sie sich auf Ihr neues Leben – Sie werden es lieben!

Danke

Ich bedanke mich herzlich für Ihr Interesse an meinem Buch und hoffe, dass es Sie dabei unterstützt, Ihre Gedankenwelt schnell neu zu formen.

Von Herzen Alles Gute für Sie,
Ihr Michael Bergmeier

Über den Autor

M ichael Bergmeier ist ein erfolgreicher Unternehmer, der sein Hobby, das Schreiben, zum Beruf gemacht hat. Er widmet sich regelmäßig den Themen der „Psychologie & Karriere".

Michael verfügt über einen großen Erfahrungsschatz im Management sowie im Umgang mit Menschen. Er war über 5 Jahre als Ausbilder tätig und hat ein besonders gutes Gespür dafür, junge Menschen zu motivieren. Mit viel Empathie und Geschick treibt er andere regelmäßig zu Höchstleistungen an. Seine Mitarbeiter schätzen ihn vor allem für seine souveräne Art zu führen, sein fachliches Know-how und seinen Humor.

Der fokussierte Autor widmet sich seit über 15 Jahren der Persönlichkeitsentwicklung und psychologischen Themen, wie zum Beispiel der Manipulation oder dem Lernen. Die bewährten Methoden und cleveren Techniken, die der Autor in seinen Büchern vorstellt, wendet er selbst an, um seine Ziele noch schneller zu erreichen.

Michael lebt mit seiner Familie in der Alpenregion und geht in seiner Freizeit gerne wandern. „Beim Bergsteigen kriege ich meinen Kopf frei und tanke neue Kraft, die ich im Job gut gebrauchen kann", verrät der Autor. Er bleibt stets auf der Erfolgsspur, liebt neue Herausforderungen und weiß, sich selbst zu motivieren.

Lassen auch Sie sich von seinen Büchern inspirieren und holen sich noch jetzt seine Ratgeber, damit Sie ab sofort Ihre persönlichen wie beruflichen Ziele erreichen.

Ich freue mich über Ihr Feedback

Für mich ist es sehr wichtig, Feedback zu meinem Buch zu bekommen. Wenn Sie Anregungen haben, so schreiben Sie mir gern eine Mail:

info@virtuoso-verlag.de

bevor Sie eine schlechte Bewertung abgeben. Ich freue mich sehr über konstruktive Kritik. Da es mich viel Zeit und Energie gekostet hat, dieses Buch zu erstellen, wäre ich Ihnen sehr dankbar, wenn Sie mir anstelle einer schlechten Bewertung Ihre Verbesserungsvorschläge persönlich zukommen lassen. Denn dann hätte ich eine Chance, Ihre Kritik anzunehmen und mein Buch zu verbessern.

Über eine Rückmeldung in Form einer Rezension auf Amazon würde ich mich ebenfalls sehr freuen. Diese können Sie wie folgt erstellen: Besuchen Sie auf Amazon.de die Produktseite des Artikels, für den Sie eine Rezension erstellen möchten. Klicken Sie unter Kundenrezensionen auf „Kundenrezension verfassen". Bewerten Sie den Artikel und verfassen Ihre Rezension.

Alternativ können Sie diesen Link benutzen, der Sie direkt auf die Seite leitet, auf der bestellte Produkte zu bewerten sind. Der Link ist verschlüsselt und sicher:
https://virtuoso-verlag.de/Amazon-Bewertung

Weiterführende Literatur

Positiv Denken:

Murphey, J.; 2018. Die Macht des positiven Denkens: Das Große Lesebuch. Pößneck: Ariston.

Selbstliebe:

Muth, A.; 2019. SELBSTLIEBE: „Du bist wundervoll, so wie du bist!" Eine Reise in Ihr Inneres, auf der Sie sich selbst lieben lernen. (Ratgeber Selbstliebe lernen, Band 1). Amazon (Great-Books4YOU).

Gesunde Ernährung:

Kast, B.; 2018. Der Ernährungskompass: Das Fazit aller wissenschaftlichen Studien zum Thema Ernährung - Mit den 12 wichtigsten Regeln der gesunden Ernährung. München: C. Bertelsmann.

Sport und Bewegung:

Hümmelgen, M.; Riepenhof, H.; Sturm, C.; 2020. Die Bewegungs-Docs - Bewegung als Medizin: Schritt für Schritt gesund und fit werden. 2. Edition. ZS Verlag GmbH.

Meditation:

Kornfield, J.; Eichelbeck, R.; 2007. Meditation für Anfänger: + CD mit 6 geführten Meditationen für Einsicht, innere Klarheit und Mitempfinden. München: Arkana.

Anhang

Hier finden Sie, ergänzend zur **Einführung in die Psychologie des Menschen,** eine Übersicht zu den häufigsten psychologischen Störungen und deren Heilungsmöglichkeiten.

Die häufigsten psychologischen Störungen

Burn-out
Wird ein Burn-out diagnostiziert, handelt es sich aus medizinischer Sicht um einen schwerwiegenden Erschöpfungszustand.

Der hier gemeinte Erschöpfungszustand bezieht sich auf eine emotionale, geistige und körperliche Erschöpfung.

Ein Burn-out wird oftmals beruflichem Stress zugeschrieben, aber mittlerweile ist belegt, dass er vielfältige Ursachen haben kann.

Viele Menschen, bei denen ein Burn-out diagnostiziert wird, sagen aus, dass sie das nicht haben kommen sehen und dass sie diese Diagnose vollkommen überrascht.

Aber ein Burn-out kommt mit Warnsignalen und da die meisten Menschen diese Symptome nicht kennen, machen sie einfach weiter und weiter, bis zum Tag der Diagnose.

Kennt man die Symptome, dann ist es auch schon in einem frühen Stadium des Burn-outs möglich, etwas dagegen zu unternehmen.

Schauen wir uns kurz diese Symptome an, die Mediziner und Psychologen der Anfangsphase eines Burn-outs zuordnen:

In dieser Phase wird sehr viel Energie in die verschiedensten Aufgaben investiert. Hierfür gibt es verschiedene Gründe. Zum einen kann dies eine Folge von Mehrfachbelastungen (Familie & Job) sein und zum anderen die Auswirkungen von Ehrgeiz, Idealismus, Pflichtbewusstsein, etc.

Genau zu dieser Zeit treten dann auch die ersten „Warnzeichen" auf: Es kann nicht mehr abgeschaltet werden – Erholungsphasen sind sehr klein oder gar nicht mehr vorhanden.

In der Folge sinkt die Leistungsfähigkeit und dadurch muss tagtäglich immer mehr Kraft und Energie aufgewendet werden, um die Tagesaufgaben zu erledigen.

Wie Sie erkennen können, beginnt hier eine Art Teufelskreis: Man wird energieloser, muss aber immer mehr Kraft aufwenden, ohne wirkliche Erholungsphasen zu haben.

Neben diesem gibt es, gerade in der Anfangsphase, noch ein paar andere Symptome, die auf einen beginnenden Burn-out hinweisen:

- ✓ Das Gefühl, nie genug Zeit zu haben
- ✓ Das Gefühl, überall unentbehrlich zu sein („nur ich kann das machen", etc.)
- ✓ Das Verdrängen von Enttäuschungen oder Misserfolgen
- ✓ Das „Verleugnen" eigener Bedürfnisse („Schlaf und Ausruhen sind überbewertet", etc.)
- ✓ Die Einschränkung bis zum Verlust der sozialen Kontakte (Freunde, Kollegen und sogar Familie)

Auf diese Anfangsphase, die die meisten Menschen gar nicht wirklich wahrnehmen, folgen dann noch weitere.

Nachdem in der Anfangsphase sehr viel Energie investiert wurde, wird in der nächsten Phase das Engagement zurückgefahren. Auch der vorher vorhandene Idealismus wird immer weniger. Auf einmal kommen Gefühle der mangelnden Wertschätzung und des „ausgebeutet" Werdens an die Oberfläche. Empathie und die Fähigkeit, sich in andere Menschen hineinzuversetzen (was vielleicht einmal eine Stärke war und den Erfolg ausgemacht hat), schwinden zunehmend. Negative Gefühle, Zynismus und emotionale Kälte, Aggressionen und Depressionen drängen sich immer mehr in den Vordergrund.

Aus zu viel Engagement wird in dieser Phase Frustration und es wächst die Erkenntnis, dass das momentane Leben, die momentane Realität, sich immer weiter von den eigenen Wünschen entfernt.

Die Schuld hierfür wird dann entweder dem Umfeld zugeschrieben (Aggression) oder bei sich selbst („Ich bin ein Versager" = Depression) gesehen.
Depressive Symptome:

- ✓ Innere Leere
- ✓ Ohnmacht
- ✓ Hilflosigkeit
- ✓ Verlust des Selbstvertrauens
- ✓ Niedergeschlagenheit
- ✓ Angstzustände
- ✓ Antriebslosigkeit
- ✓ Pessimismus

Aggressive Symptome:

- ✓ Schuldzuweisung (gegenüber anderen)
- ✓ Reizbarkeit
- ✓ Ungeduld
- ✓ Intoleranz
- ✓ Hohe Konfliktbereitschaft
- ✓ Zorn

Hat sich diese Phase manifestiert, führen die schwindende Motivation und die stärker werdende emotionale Belastung dazu, dass Leistungen schlechter werden, die Konzentrationsfähigkeit verschwindet, nur noch „Schwarz-Weiß" gedacht wird und man sich gegen jede Art von Veränderung wehrt.

Danach erfolgt der fast komplette emotionale Rückzug. Die Gleichgültigkeit zieht sich dann durch alle Lebensbereiche: Der Kontakt zu Freunden und Kollegen wird komplett eingestellt, Hobbys werden aufgegeben, der Erkrankte bleibt alleine zu Hause.

Hier beginnt die Einsamkeit.

Neben all den hier zusammengefassten Symptomen gibt es zusätzlich noch einige körperliche Anzeichen:

- ✓ Schlaflosigkeit, Schlafstörungen, eventuell sogar Albträume
- ✓ Kopf- und Rückenschmerzen, Muskelverspannungen am ganzen Körper
- ✓ Engegefühl in der Brust, oft auftretendes starkes Herzklopfen
- ✓ Bluthochdruck
- ✓ Verdauungsprobleme, permanente Übelkeit
- ✓ Starke Gewichtsabnahme oder Gewichtszunahme
- ✓ Erhöhter Konsum von Koffein, Nikotin und Alkohol
- ✓ Sexuelle Unlust
- ✓ Gesteigerte Infektionsanfälligkeit

In der letzten Burn-out-Phase wird das Leben dann nur noch von Gedanken der Hilflosigkeit und Hoffnungslosigkeit bestimmt.

Das Leben macht keinen Sinn mehr und die Folge ist dann eine schwere Burn-out-Depression.

Scheuen Sie sich bitte niemals einen Arzt aufzusuchen, wenn Sie diese oder ähnliche Symptome bei sich selbst feststellen! Je früher Sie sich professionelle Hilfe holen, desto besser.

Burn-out ist immer noch mit einem Makel behaftet, weil sich die wenigsten Menschen damit befassen oder auskennen.

Angststörung (Phobische Störung)

Wir alle kennen das Gefühl von Angst, das uns zur Vorsicht ermahnt und noch einmal nachdenken lässt.

Diese Angst ist gut und sinnvoll – denn sie schützt uns. Angststörungen sind aber ein ganz anderes Thema. Von einer Angststörung sprechen Psychologen, wenn Ängste oft bis regelmäßig auftreten und das, ohne dass eine wirkliche Bedrohungslage vorliegt.

Es wird davon ausgegangen, dass rund 5 – 15 % der Bevölkerung einmal im Leben eine solche Angststörung durchleben.

Körperliche Symptome wie Herzrasen, Schweißausbrüche, Atemnot, starkes Zittern und sogar Schmerzen sind Anzeichen für die unkontrollierbare Sorge. Auch Phobien und Panikattacken sind Merkmale für eine Angststörung.

Oftmals ist es schwierig, Angststörungen zu diagnostizieren. Unbehandelt können sie aber schnell zu einem chronischen Zustand führen. Wie können Angststörungen entstehen? Zum einen entstehen Angststörungen im Gehirn (wenn der Wirkmechanismus bestimmter Nervenbotenstoffe gestört ist), zum anderen sind auch äußere Faktoren wie Stress, Tod (im nahen Umfeld), Mobbing Auslöser.

Wissenschaftler haben festgestellt, dass eine gewisse genetische Veranlagung dafür verantwortlich ist, dass manche Menschen schneller Angst haben als andere. Angststörungen können in unterschiedlichen Stärken und verschiedenen Formen auftreten.

Die Psychologie unterscheidet in:

Generalisierte Angststörung
Ihre Wurzeln liegen oft in einem oder mehreren Ereignissen in der frühen Kindheit (Verlust eines Elternteils, Trennung der Eltern etc.). Diese Art der Angststörung beginnt ohne einen speziellen Auslöser und langsam. Wird sie nicht diagnostiziert, so wird sie chronisch und in der Folge immer stärker.

Panik
In Zusammenhang mit Panik haben Sie vielleicht schon einmal von Störung und/oder Attacke gehört. Eine Panikattacke (die ca. 10 – 30 Minuten dauert) wird in der Praxis als Panikstörung bezeichnet. Die Betroffenen können davon zu jeder Zeit und überall überrascht werden. Sie beschreiben die Angst als stark bis sehr stark. Mit diesen Angstgefühlen treten gleichzeitig auch körperliche Symptome (Engegefühl in der Brust, starkes Herzrasen, Zittern, Schwindel, etc.) auf. Oftmals sind diese körperlichen Symptome so stark, dass Menschen in einer Panikattacke mit Verdacht auf einen Herzinfarkt ins Krankenhaus gebracht werden.

Phobien
Die „Soziale Phobie"
Sie ist nicht sehr bekannt, aber Betroffene leiden unter Ängsten, z. B. bei gemeinsamen Essen, an einer geselligen Runde teilzunehmen, etc. Die Ursache hierfür ist die Angst aufzufallen oder kritisiert zu werden. Daneben gibt es noch die „Spezifische Phobie". Sie kommt wesentlich häufiger vor. Die Angst wird bei den Betroffenen durch bestimmte Objekte und Situationen ausgelöst.

Aber auch die Angst vor großen Menschenmengen gehört zu den spezifischen Phobien. Die Diagnose von Angstzuständen und Phobien ist nicht einfach und bedarf Einfühlungsvermögen und Fingerspitzengefühl des behandelnden Mediziners. Generalisierte Angststörungen werden meistens gar nicht diagnostiziert, weil eventuelle Betroffene nicht wissen, dass sie an einer Krankheit leiden. Eine aussagekräftige und schnelle Diagnose von Angststörungen ist für Mediziner meist nur dann möglich, wenn der Patient in der Lage ist, offen und ehrlich über seine Ängste zu sprechen.

Gerade, wenn ihm das schwerfällt, wird gerne mit Fragebögen gearbeitet. Die Antworten können bei einer ersten Einschätzung helfen. Natürlich wird auch eine Reihe von körperlichen Untersuchungen durchgeführt, um eine eventuelle körperliche Erkrankung im Vorfeld auszuschließen. Bei der Therapie von Angststörungen werden auch heute noch oft vorschnell starke Beruhigungsmittel verschrieben. Diese können zu einer Tablettenabhängigkeit führen. Mittlerweile gibt es von pharmazeutischer Seite eine recht große Auswahl an unterschiedlichen Antidepressiva, die schon in kleinerer Dosis wirksam und so aufgebaut sind, dass sie auf eine spezielle Indikation wirken.

Sie bringen den Patienten Ruhe und Freiheit vor Angststörungen und Panikattacken, die vor der Behandlung einen Großteil des Lebens bestimmt haben. Auch die Psychotherapie kann den Betroffenen helfen. Hier lernen Betroffene z. B. sich mit ihrer Angst zu konfrontieren („ich habe Höhenangst, steige aber in Begleitung einer vertrauten Person auf einen Aussichtsturm", etc.) Sich mit der Angst zu konfrontieren, soll die Angst nehmen.

Für manche Menschen ist Sport ein wirksames Mittel gegen Angststörungen. In Kombination mit Entspannungsübungen (Autogenes Training, etc.)

können gute Erfolge erzielt werden. Ein Angsttagebuch kann dabei helfen, Ängste bestimmten Gefühlen zuzuordnen. So kann die betroffene Person lernen, eine aufkommende Angst frühzeitig über ihre Gefühle wahrzunehmen, um dann mit den in der Psychotherapie erlernten Methoden dagegen anzugehen. Auch wenn es gerade am Anfang besonders schwerfällt, sollten Betroffene mit vertrauten Menschen über das sprechen, was mit ihnen passiert. Jemanden zu haben, dem man vertraut und der die eigene Situation kennt, ist wichtig. Eine solche Verbundenheit hilft den Betroffenen sehr.

Traumata
Oftmals treten nach (extrem) belastenden und/oder einschneidenden Ereignissen im Leben eines Menschen Traumata auf. Bei diesen auslösenden Ereignissen kann es sich z. B. um einen Unfall, Erkrankungen, einen Todesfall, schwerwiegende Konflikte etc. handeln.

Wird ein Trauma nicht behandelt, so kann es in der Folge zu körperlichen, sozialen und psychischen Symptomen kommen. Ein Trauma liegt dann vor, wenn der betroffene Mensch seinen Alltag nicht mehr bewältigen kann, wenn er für die täglichen Dinge des Lebens große Kraft aufwenden muss und sich gedanklich immer wieder in die auslösende Situation begibt. Aggressivität, enorme Gereiztheit und auch suizidale Gedanken sind mögliche Folgen. Spätestens dann sollte ein Psychologe aufgesucht werden, denn er hat die Fachkenntnis, zu helfen.

Akute Belastungsstörung
Sie tritt bei außergewöhnlichen und extremen Belastungen für Körper und Seele, z. B. Unfall, Tod, Naturkatastrophe, Vergewaltigung etc., auf. Eine akute Belastungsstörung dauert in der Regel ein paar Stunden bis Tage an und ist spätestens nach einem Monat wieder verschwunden.

Symptome wie Desorientiertheit, Aufmerksamkeitsdefizit, sozialer Rückzug, Gereiztheit und Unruhe, Herzrasen, Übelkeit, Kopfschmerzen, Schweißausbrüche und manchmal auch eine Amnesie, kennzeichnen diese Phase. Für Menschen, die ein Trauma oder einen großen Verlust erlitten haben, ist es wichtig, das Angebot einer Krisenintervention nach einem solchen Ereignis anzunehmen. Somit kann in den meisten Fällen einem schlimmen Verlauf vorgebeugt werden.

PTBS – posttraumatische Belastungsstörung
Die meisten haben den Begriff PTBS schon einmal in Zusammenhang mit heimkehrenden Soldaten aus Kampfgebieten gehört.

PTBS kann aber auch andere Menschen treffen. Dabei handelt es sich um eine verzögerte/verspätete Reaktion auf sehr belastende Ereignisse, sehr bedrohliche Situationen (Katastrophen, Krieg etc.) – also auf Traumata. In der psychologischen Praxis wird eine – länger als vier Wochen andauernde – Symptomatik als PTBS diagnostiziert.

Zwangsneurosen
Jeder von uns hat ab und zu einen kleinen Zwang, nämlich die Angewohnheit, gewisse Dinge auf eine gewisse Weise zu tun, ein bestimmtes Lied immer mal wieder vor sich hin zu singen etc. Das ist absolut normal und nicht schlimm. Ein Problem tritt dann auf, wenn ein Zwang einen so sehr bestimmt, dass ein normales Leben nicht mehr möglich ist. (Beispiel: „Das Haus muss ständig geputzt werden, deshalb kann ich nicht zur Arbeit gehen und es dürfen mich keine Freunde mehr besuchen").

Zwangsneurosen sind oftmals die Folge von Konflikten oder erlebten Situationen in der Kindheit, die nicht verarbeitet werden konnten.

Menschen, die unter Zwangsneurosen leiden, wiederholen ständig bestimmte Handlungen oder aber es treten bei ihnen immer wieder Angst-Gedanken auf (Besessenheit). Therapeutisch wird bei Zwangsneurosen mit Konfrontation – mit den angstauslösenden Situationen – gearbeitet. So soll den Betroffenen durch ständiges Wiederholen die Angst vor diesen Situationen genommen werden. Es ist fast unmöglich, Zwangsneurosen komplett zu heilen.

Für die Betroffenen ist aber eine Reduzierung ihrer Symptome oft schon eine sehr große Hilfe. Einige Therapeuten setzen zusätzlich auch milde Antidepressiva bei ihren Behandlungen ein.

Depressionen
Depressionen können in jeder Altersgruppe auftreten und sind eine schwere seelische Erkrankung, die unbedingt professionell behandelt werden muss.

Ursachen sind oftmals eine genetische Veranlagung, Stress, tiefgreifende und andauernde seelische Verletzungen und ein gestörter Botenstoffwechsel im Gehirn.

Eine Depression zeigt sich durch drei Hauptsymptome:

➢ Tiefe Niedergeschlagenheit (gleichbleibend stark für mindestens zwei Wochen)
➢ Interessenverlust & innere Leere (soziale Kontakte, Hobbys, etc. werden aufgegeben, auch positive Erlebnisse verbessern die Stimmung nicht).
➢ Müdigkeit & Antriebslosigkeit (alltägliche Aufgaben können nicht mehr bewältigt werden, manche verlassen das Bett den ganzen Tag nicht, Müdigkeit bestimmt das Leben).

Bei Männern werden Depressionen seltener diagnostiziert als bei Frauen, obwohl sie genauso oft daran erkranken.

Männer in einer Depression sind leicht reizbar, aggressiv und verfügen über eine geringe Stresstoleranz und Impulskontrolle. Als Folge gehen sie oft erhöhte und manchmal auch nicht mehr kontrollierbare Risiken ein, sind mit allem unzufrieden und werfen mit Vorwürfen und Anschuldigungen um sich. Depressive Gefühle lassen den Mann sich als unmännlich und schwach fühlen. Dadurch, dass sie genau das Gegenteil ihrer inneren Gefühle extrem ausleben, fühlen sie sich kurzfristig besser.

Eine schwere Depression mit ausschließlich negativen Gedanken führt nicht selten auch zu einer Selbsttötungsgefahr. 10 – 15 % der depressiven Patienten sterben in Deutschland jährlich durch Suizid. Betroffene leiden sehr an ihren Depressionen, weshalb es wünschenswert ist, eine Depression möglichst frühzeitig zu diagnostizieren und mit einer Behandlung zu beginnen. Hat sich eine Depression bereits „verfestigt", bevor sie diagnostiziert wird, ist auch eine Therapie schwierig und somit besteht die Gefahr, dass sie chronisch wird. Eine Kombination aus antidepressiven Medikamenten und Psychotherapie ist oftmals die wirkungsvollste Behandlung.

Psychosen
Psychose ist der Übergriff für unterschiedlich schwere psychische Störungen. Die betroffenen Menschen verlieren hier den Bezug zur Realität. Sie haben das Gefühl, andere können ihre Gedanken lesen oder hören Stimmen. Außerdem leiden sie unter extremen Stimmungsschwankungen und Wahnvorstellungen. Ein schwerer Krankheitsverlauf lässt sich nur durch eine frühzeitige Diagnose und Therapie (Psychotherapie und Medikamente) vermeiden.

Ursachen sind neben organischen Erkrankungen des Nervensystems auch eine genetische Veranlagung in Kombination mit z. B. einer schweren Lebenskrise. Vermutlich ist der Botenstoff (Neurotransmitter) Dopamin auch ein Auslöser für Psychosen - vor allem dann, wenn die Produktion im Gehirn nicht gleichmäßig erfolgt.

Die Diagnose ist oft schwierig, da die Symptome meistens leise und schleichend auftreten. Oft kann erst durch einen stationären Aufenthalt in einer Klinik eine Psychose richtig diagnostiziert werden. Hier fällt es den Psychologen, durch die ständige Beobachtung und die täglichen Therapiesitzungen, leichter zu einer Differenzialdiagnose zu kommen und eine wirkungsvolle Langzeit -Therapie zu beginnen.

Persönlichkeitsstörungen
Die Persönlichkeit eines Menschen entwickelt sich ab dem Tag seiner Geburt und wird von vielen Faktoren bestimmt. Sie „verändert" sich über die Jahre hinweg oft mehrfach. Das ist der ganz normale Entwicklungsprozess. Eine Persönlichkeitsstörung wird dann diagnostiziert, wenn die Persönlichkeit auf eine ungesunde Weise stark ausgeprägt ist. In der Folge wird die Lebensqualität des Betroffenen zum Teil extrem schlecht, wodurch er sein subjektives Leiden noch stärker empfindet. Eine Vielzahl von Konflikten mit dem Umfeld ist die Folge. Persönlichkeitsstörungen haben ihre Ursache fast immer in der Kindheit, Jugend oder dem frühen Erwachsenenleben.

Zu den Persönlichkeitsstörungen zählen u. a. die narzisstische Persönlichkeitsstörung, das Borderline Syndrom etc.

Wege der Heilung psychischer Krankheiten

Psychische Störungen oder Krankheiten lassen sich heutzutage, wenn sie erst einmal diagnostiziert sind, hervorragend behandeln. Teilweise sind sie sogar heilbar. Psychotherapien und speziell auf die jeweilige Störung abgestimmte Medikamente sind äußerst hilfreich. Bei der Behandlung von psychischen Störungen gilt die Regel:

„Je früher die Störung erkannt wird, desto besser ist sie behandelbar". Die Vielzahl der psychischen Störungen hat folglich auch unterschiedliche Behandlungsformen/Behandlungsmethoden. In vielen Fällen wird auch eine Kombination dieser Methoden angewandt, um für die Betroffenen den bestmöglichen Heilungsweg einzuschlagen.

Hier nun eine kurze Vorstellung möglicher Behandlungsmethoden:

Psychoanalyse
Die Psychoanalyse ist praktisch die Urform der Psychotherapie. Aus ihr sind zahlreiche andere Behandlungsformen hervorgegangen.

Die Psychoanalyse arbeitet mit der Annahme, dass unbewusste Konflikte aus der Kindheit die Ursache für verschiedene psychische Störungen in der Gegenwart sind.

In Gesprächen wird der Therapeut die inneren Konflikte seines Patienten aufdecken. Die Psychoanalyse ist den meisten sicherlich aus Filmszenen bekannt: Der Patient liegt (entspannt) auf einer Couch und der Therapeut sitzt praktisch hinter ihm (nimmt eine zurückhaltende Position ein). Durch diese Anordnung kann der Patient frei reden und wird nicht durch Bewegungen und Reaktionen des Therapeuten abgelenkt.

Auch einer der wichtigsten Tests in der Psychoanalyse – der „Rorschachtest" (Tintenklecks Bilder) - dürfte Ihnen bekannt sein. Dieser Test dient dem Therapeuten bei der Einschätzung der Persönlichkeit seines Patienten. Auch die „freie Assoziation" (der Patient erzählt, was immer ihm durch den Kopf geht) hilft dem Therapeuten, die unbewussten Inhalte der Gedanken des Patienten zu erkennen.

Die Psychoanalyse geht stark auf die jeweilige Person ein. Das stellt für den Therapeuten oft eine enorme Herausforderung dar und verlangt eine gewisse Stärke: Er muss mit all den aufkommenden und oft sehr komplexen, zum Teil verwirrenden Gefühlen und Empfindungen seines Patienten zurechtkommen.

Hier kommt dann eine wichtige Regel ins Spiel: Möchte ein Therapeut in der Psychoanalyse tätig werden, muss er sich selbst zuerst einer solchen unterziehen, damit er eventuelle eigene Konflikt vorher verarbeiten kann.

Eine klassische Psychoanalyse dauert in der Regel mehrere Jahre (bei drei bis vier Sitzungen/Woche). Die heute angewandten Behandlungsmethoden sind in vielen Punkten weiterentwickelt. Krankenkassen zahlen nur eine bestimmte Anzahl von Sitzungen. Aus der Psychoanalyse hat sich die Psychotherapie (analytisch und tiefenpsychologisch) entwickelt. Die Psychoanalyse kann nur erfolgreich ablaufen, wenn der Patient wirklich bereit dazu ist, eine Reise in die Vergangenheit anzutreten und seine unbewussten Motive und/oder Verhaltensmuster zu erkennen.

Der Patient ist gefordert, sich selbst zu reflektieren – ehrlich und offen. Der Therapeut ist „lediglich" eine Begleitperson, denn er gibt keinerlei Anweisungen oder Ratschläge. Er stellt Fragen, hört zu und analysiert. Bei der Psychoanalyse besteht aber die Gefahr, dass Patienten die Behandlung mittendrin abbrechen, weil sie zu ungeduldig (mit sich selbst) sind. Wer eine Psychoanalyse beginnt, muss sich von Anfang an klar darüber sein, dass es ein längerer Prozess ist, der mit der Zeit Erfolge bringt. Auch die Bereitschaft, die eigene Lebensgeschichte offen und ehrlich zu reflektieren, ist von elementarer Bedeutung. Psychoanalyse ist keine „Wunderwaffe", die in kürzester Zeit eine Lösung für ein lebenslanges Problem hervorzaubert.

Psychotherapie
Psychotherapie ist der Oberbegriff für verschiedene therapeutische Methoden und Verfahren, die bei der Behandlung von psychischen Störungen eingesetzt werden.

Zusammengefasst kann man sagen, dass in der Psychotherapie seelische Probleme behandelt werden, für die es keine organischen Ursachen als Auslöser gibt. Hierzu zählen Depression, Zwangsstörung, Angststörung etc. Aber auch Suchterkrankungen. In der Psychotherapie ist eine ambulante, teilstationäre oder auch stationäre Behandlung möglich.

Ambulante Psychotherapie
Der Patient kann das Gelernte sofort im Alltag umsetzen. Die therapeutische Betreuung findet temporär statt und der Patient kann danach wieder in seine gewohnte Umgebung zurückkehren.

Teilstationäre Psychotherapie
Die Nächte verbringt der Patient in seinem Zuhause, tagsüber wird er in einer Klinik therapeutisch betreut.

Stationäre Psychotherapie
Tag und Nacht steht dem Patienten eine therapeutische Betreuung zur Verfügung. Gerade bei eventuell auftretenden Krisen kann das einen großen Vorteil darstellen. Ein stationärer Aufenthalt kann zeitweilig angeraten sein. Therapeutisch ist es aber auch eine Gratwanderung, weil der Patient nach der Zeit der

„Abgeschirmtheit" in einer Klinik plötzlich mit dem Alltag und all seinen Herausforderungen konfrontiert wird. Somit ist eine gute Vorbereitung in der Klinik wichtig, aber genauso auch ein reibungsloser Übergang in eine ambulante Psychotherapie.

Wenn eine psychische Störung durch einen Facharzt diagnostiziert wird, gibt es eine Übernahme der Kosten durch die Krankenkasse. In der Regel zählen die ersten fünf Sitzungen als sogenannte „Test- oder Probesitzungen.

Von der Krankenkasse übernommen werden:

- ✓ EDMR (Eye Movement Desensitization and Reprocessing)
- ✓ Systemische Therapie
- ✓ Tiefenpsychologische Psychotherapie
- ✓ Psychoanalysen
- ✓ Verhaltenstherapie.

Psychopharmaka
Psychopharmaka sind auch heute noch mit negativen Assoziationen behaftet. Es gibt die Meinung, sie seien schädlich, machen den Menschen eher krank als gesund. Inzwischen werden Psychopharmaka gezielter und erfolgreicher eingesetzt. Es gibt sie mittlerweile in niedrigen bis hohen Wirkstoffmengen, genau abgestimmt auf den jeweils notwendigen Wirkbereich. Durch fortwährende medizinische Forschung hat man herausgefunden, dass unterschiedliche Wirkstoffe auch auf unterschiedliche Bereiche im Gehirn wirken.

Denn Psychopharmaka sind nichts anderes als Medikamente, die mit ihren jeweiligen Substanzen bestimmte Stoffwechselvorgänge in bestimmten Hirnregionen verändern. Je nach verwendeter Substanz wirken sie auf die Stoffwechselprodukte im Körper indirekt oder direkt ein. Durch die heutzutage feine und effektive Zusammensetzung sind Psychopharmaka mittlerweile die Medikamentengruppe, die von Ärzten aller Fachrichtungen am häufigsten verschrieben wird.

<u>In der Psychotherapie sind Psychopharmaka bei der Behandlung von:</u>

- ✓ Schizophrenie
- ✓ Manisch-depressiver (bipolarer) Erkrankung
- ✓ Schweren depressiven Störungen
- ✓ Angst- und Zwangsstörungen

unverzichtbar. Derartige Erkrankungen werden erst durch diese Medikamente überhaupt behandelbar, sodass eine begleitende Psychotherapie auch langfristig Erfolg haben kann und die betroffenen Menschen auch eine Chance haben, wieder in die Gesellschaft und sogar in ihren Beruf zurückkehren zu können.

Die Nebenwirkungen und auch Wechselwirkungen mit anderen verordneten Arzneimitteln sollten aber vom ersten Tag an eine wichtige Rolle spielen. Die Einnahme von Psychopharmaka muss immer unter ärztlicher Kontrolle erfolgen. Nur ein Arzt kann den Nutzen des jeweiligen Medikaments gegenüber den eventuell auftretenden Nebenwirkungen abwägen. Psychopharmaka werden heute in sieben Übergruppen eingeteilt:

- ✓ Antidepressiva
- ✓ Antidementiva
- ✓ Antipsychotika
- ✓ Anxiolytika (Neuroleptika)
- ✓ Psychostimulanzien
- ✓ Stimmungsstabilisierer (Phasenprophylaktika)
- ✓ Sonstige Psychopharmaka.

Verhaltenstherapie
Die Verhaltenstherapie ist ein Teilbereich der Psychotherapie und gehört mittlerweile zu den am

häufigsten eingesetzten Verfahren. Eingesetzt wird sie bei psychischen Erkrankungen, Störungsbildern und in Konfliktsituationen. In der Verhaltenstherapie geht man davon aus, dass jedes Verhalten erlernt werden kann. Mit der Zeit kann es aber auch, nach der Phase der Aufrechterhaltung, wieder verlernt werden.

Hierzu gehören auch nicht nachweisbare Dinge wie Gedanken, Gefühle, Bewertungen und Motive. In der Verhaltenstherapie wird somit falsch Gelerntes umgelernt und/oder bisher Nicht-Gelerntes nun erlernt. Zu Beginn einer Verhaltenstherapie erarbeiten Patient und Therapeut gemeinsam das Problem, analysieren es, erkennen und verstehen das hier vorliegende Verhaltensmuster. Danach werden weitere notwendige Therapieziele definiert und in einem Therapieplan festgehalten.

Es ist hier wichtig, dass der Patient aktiv mitarbeitet und durch „Hausaufgaben" in der Zeit zwischen den Therapiesitzungen übt. So wird es dem Patienten möglich sein, zukünftig im Alltag besser zurechtzukommen.

Die Verhaltenstherapie wird eingesetzt bei:

- ✓ Depressionen
- ✓ Angststörungen
- ✓ Psychosen
- ✓ Essstörungen
- ✓ Zwangsstörungen
- ✓ Störungsbilder während des Kindes- und Jugendalters
- ✓ Suchterkrankungen
- ✓ Psychosomatischen Störungen
- ✓ Sexuellen Funktionsstörungen.

Haftungsausschluss

Der Autor übernimmt keinerlei Gewähr für die Aktualität, Korrektheit, Vollständigkeit oder Qualität der bereitgestellten Informationen und weiteren Informationen. Haftungsansprüche gegen den Autor, welche sich auf Schäden materieller oder ideeller Art beziehen, die durch die Nutzung oder Nichtnutzung der dargebotenen Informationen bzw. durch die Nutzung fehlerhafter und unvollständiger Informationen verursacht wurden, sind grundsätzlich ausgeschlossen, sofern seitens des Autors kein nachweislich vorsätzliches oder grob fahrlässiges Verschulden vorliegt. Alle Angaben wurden vom Autor mit größter Sorgfalt und nach bestem Wissen und Gewissen recherchiert oder spiegeln seine eigene Meinung wider. Der Inhalt des Buches passt möglicherweise nicht zu jedem Leser und die Umsetzung erfolgt ausdrücklich auf eigenes Risiko. Es gibt keine Garantie dafür, dass alles genau so, bei jedem Leser, zu genau den gleichen Ergebnissen führt. Der Autor und/oder Herausgeber kann für etwaige Schäden jedweder Art aus keinem Rechtsgrund eine Haftung übernehmen.

Urheberrecht

Michael Bergmeier

Impressum

Michael Bergmeier
c/o easy-shop
K. Mothes
Schloßstraße 20
06869 Coswig (Anhalt)
info@virtuoso-verlag.de

1. Auflage 2021

Covergestaltung: Wolkenart – Marie-Katharina Becker,
www.wolkenart.com
Fotos: www.depositphotos.com, www.shutterstock.com